Mes parents se séparent

Pr Maurice Berger
Isabelle Gravillon

Mes parents se séparent

Je me sens perdu

Albin Michel

Collection « Questions de parents »
dirigée par Mahaut-Mathilde Nobécourt

22, rue Huyghens, 75014 Paris
www.albin-michel.fr
ISBN 2-226-13759-9
ISSN 1275-4390

Sommaire

Avant-propos de Maurice Berger 9
Introduction d'Isabelle Gravillon 13
1. Je ne suis même pas soulagé 15
2. Je suis malheureux 25
3. C'est de ma faute 35
4. J'ai peur 43
5. J'ai honte 51
6. Je suis en colère 57
7. Je suis perdu 67
8. Je voudrais les sauver 81
9. Je vais mal 93
10. Qui va me garder ? 103
11. Mon père ou ma mère refait sa vie 125
12. Papi, mamie, j'ai besoin de vous 137
Conclusion 145

Avant-propos de Maurice Berger

La méthode

Ce livre, écrit en collaboration avec Isabelle Gravillon, a pour but de mettre à la disposition du grand public les résultats et les réflexions issues d'une recherche débutée il y a vingt-trois ans concernant les enfants de parents divorcés. Nos propos s'appuient sur l'analyse de trois cents situations dans lesquelles un enfant a été confronté à la séparation de ses parents. Dans cent soixante-dix situations, il s'est agi d'une expertise demandée par un juge des Affaires familiales à propos d'un divorce compliqué ou très conflictuel. Dans les cent trente autres, un parent ou les deux sont venus me consulter, en tant que psychothérapeute, pour les difficultés psychologiques de leur enfant.

Des résultats inattendus

En écoutant sans préjugés enfants et parents, on aboutit à des conclusions assez dérangeantes. Oui, le divorce est un traumatisme pour l'enfant, même si ce traumatisme peut être fréquemment surmonté. Non, il n'est pas possible d'imaginer une prévention de ces difficultés. Les conseils aux parents sont peu utiles, car de nombreux pères et mères sont pris dans de tels mouvements passionnels qu'ils ne peuvent rien entendre alors. De plus, les possibilités d'aide psychologique sont limitées pour un certain nombre d'enfants, qui refusent de réfléchir sur ce qu'ils ressentent car cela les ferait trop souffrir. Ajoutons d'emblée qu'aucune de ces raisons ne justifie qu'on conseille à des parents de ne pas divorcer si tel est leur projet.

Dans ce livre, les diverses difficultés auxquelles un enfant risque d'être confronté dans ces circonstances seront illustrées par un ou plusieurs extraits de consultations. Le tableau peut paraître exagérément pessimiste. Il faut dire que les propos rapportés sont ceux d'enfants qui présentaient une souffrance affective ayant nécessité des entretiens à visée thérapeutique. Cependant, l'expérience montre que les enfants qui ne consultent pas ont les mêmes pensées, ressentent le même malaise, mais de manière moins durable ou moins intense.

Les lacunes de notre savoir

Il existe de nombreuses inconnues dans le domaine des conséquences psychologiques du divorce sur les enfants. Par exemple, nous ne disposons d'aucune étude clinique française concernant le devenir psychologique des enfants de parents divorcés une fois devenus adultes. Leur vie de couple sera-t-elle influencée par ce qu'ils ont vécu plus jeunes ? Seuls certains travaux réalisés aux États-Unis proposent des débuts de réponse. Encore faut-il éviter les grandes statistiques américaines, souvent imprécises car réalisées à partir de questionnaires et non à partir d'entretiens individuels.

Autre exemple, les textes légaux concernant les problèmes de droit d'hébergement. À ma connaissance, il n'existe aucune évaluation des effets – heureux ou malheureux – des décisions judiciaires préconisées par la loi. Une étude psychologique (et pas seulement sociologique) sur le vécu affectif des enfants en garde alternée serait indispensable pour mieux évaluer les avantages et les inconvénients de ce mode d'hébergement. De même, l'attribution des temps d'hébergement des bébés aux pères se fait le plus souvent sans tenir compte de nos connaissances scientifiques – et ils sont fréquemment trop faibles ou trop importants. Nous ne disposons d'aucune évaluation au long cours concernant les effets des séparations prolongées mères-enfants lorsque, de 6 à 18 mois, ils sont confiés à leur père un mois en été. Nous en observons les conséquences néfastes à court terme, mais n'avons pas de recul.

Il me semble souhaitable qu'un Observatoire de l'enfance ou un Centre de recherche sur le divorce soit créé par les différents ministères concernés (Justice, Santé, Famille). Son but serait non pas d'obtenir des données chiffrées – nous les avons déjà –, mais des suivis longitudinaux dans le temps, grâce à des entretiens réalisés par d'authentiques cliniciens – psychologues, psychanalystes, psychiatres – formés à la pratique de l'entretien individuel avec les enfants et n'ayant pas d'*a priori*. Nous aboutirions très probablement à des surprises de taille qui montreraient les limites des raisonnements bâtis sur notre supposé bon sens.

Introduction d'Isabelle Gravillon

Soyons clairs : notre propos n'est en aucun cas de mettre le divorce au banc des accusés ni de porter sur lui le moindre jugement moral ou idéologique. Dans certaines situations, il est la seule issue. Et mieux vaut se séparer que de vivre dans le conflit perpétuel ou même la haine. Mais nous aurions pourtant tort de banaliser cet événement sous prétexte qu'il touche de plus en plus de gens. De le considérer comme une simple et inéluctable évolution de société dont il faut bien s'accommoder, sans se poser davantage de questions.

Car osons le dire, il n'y a jamais de divorce réussi, une séparation a toujours des conséquences douloureuses. Pour les adultes qui la vivent, bien sûr. Mais surtout pour les enfants. Et cela, même quand les parents font tout pour que cela se passe au mieux (et c'est heureusement de plus en plus souvent le cas), essayant de laisser de côté leurs querelles d'adultes dans l'intérêt de leurs enfants.

Alors plutôt que de tenir des propos lénifiants (qu'on apprécie parce qu'ils ont l'immense avantage de déculpabiliser), nous avons décidé de regarder le divorce en face, en nous plaçant du point de vue de l'enfant. Que ressent-il quand le couple qui lui a donné la vie vole en éclats ? Beaucoup de choses, nous le verrons tout au long de cet ouvrage, et pas forcément très agréables. De la peur, de la colère, de la culpabilité, de la confusion...

Rassurez-vous, il ne s'agit pas d'une démarche masochiste ! Pas plus que d'un livre de recettes où vous trouveriez des conseils pour limiter la souffrance de votre enfant suite à un divorce. Simplement, nous tenterons à travers ces quelques pages de vous donner quelques clés pour mieux comprendre son fonctionnement psychique dans cette crise qu'il traverse.

Des clés qui pourront sans doute vous aider à éviter des erreurs d'interprétation et à ne pas vous satisfaire d'un bon sens parfois très trompeur. Ainsi, si votre bambin est odieux en rentrant de chez l'autre parent, ce n'est pas forcément parce que ce dernier l'élève mal ou passe son temps à dire du mal de vous. Mais peut-être tout simplement parce qu'il lui est douloureux de passer d'un monde à l'autre, que tout sépare désormais...

Démonter ensemble des mécanismes psychologiques pas forcément accessibles sans l'aide d'un professionnel, voilà ce que nous vous proposons. Parce que la lumière vaut toujours mieux que les ténèbres... même si elle éclaire les blessures.

1

Je ne suis même pas soulagé

On pourrait espérer que la séparation des parents, même si elle est difficile à supporter pour l'enfant, présente au moins un avantage : le soulager du poids des disputes et mettre un terme à une vie de famille délétère qui le fait souffrir. Mais, en réalité, rien n'est si simple... et les enfants sont rarement soulagés par un divorce.

Quoi de plus difficile que de décider un jour de se séparer de l'homme ou de la femme que l'on a aimé, avec qui on a eu des enfants ? Sentiment d'échec plus ou moins total, peur de la solitude, vertige devant un futur entièrement à reconstruire, culpabilité envahissante de faire souffrir l'autre, difficulté de renoncer à l'idée d'une famille unie et d'imposer cette souffrance aux enfants... Tout se conjugue pour dissuader les parents de trancher.

Et pourtant, une pensée peut parfois venir prendre le contre-pied de toutes ces « bonnes » raisons : une séparation vaudrait peut-être mieux pour les enfants. On ne peut continuer à leur imposer plus longtemps ces disputes incessantes, cette image déliquescente d'un couple à la dérive, cette tension perpétuelle. On ne peut indéfiniment supporter le désarroi dans leur regard quand le ton monte à la maison et qu'ils vont s'enfermer dans leur chambre pour ne plus assister à un énième conflit. Le célèbre « on reste ensemble pour les enfants » est ébranlé lorsque certains bambins, à bout de forces et de nerfs, en arrivent à exhorter eux-mêmes leurs parents au divorce : « Mais séparez-vous donc au lieu de vous engueuler sans arrêt ! »

Un jour, finalement, on se décide et on ose parler de séparation. Parfois en accord avec son conjoint, parfois de façon unilatérale. Certains adultes s'effondrent, refusant en bloc cette décision. D'autres sont soulagés que ça s'arrête, soulagés d'être enfin sortis de l'impasse... et se disent que les enfants, eux aussi, vont ressentir ce soulagement.

La mémoire courte

Si le divorce peut effectivement être vécu dans certaines circonstances comme un soulagement par les adultes, il ne semble malheureusement pas en aller de même pour les enfants. Certes, ils auront peut être le sentiment d'être libérés d'un poids à l'annonce de cette décision qu'ils pressentaient et redoutaient tant. Ne plus vivre avec une épée de Damoclès au-dessus de la tête, ne plus être envahi par des scénarios catastrophiques angoissants, être au contraire confronté à une réalité face à laquelle il va être possible de mobiliser son énergie pour s'organiser, peut en effet partiellement soulager. Mais, à la différence des parents, les enfants n'ont pas l'espoir que ça ira mieux demain, qu'une nouvelle vie se dessinera, qu'un nouvel amour viendra panser les plaies d'aujourd'hui. Pour eux, tout vole en éclats à l'instant où leurs parents se séparent. Y compris pour ceux qui ont incité leurs parents à la séparation dans un moment d'exaspération.

Et les disputes qui les minaient tant ? Ils les oublient avec une rapidité étonnante. Il s'agit là d'une règle bien connue du fonctionnement psychique qui consiste à effacer les moments désagréables pour ne pas rester envahi par leur souvenir et continuer d'avancer. Combien de femmes n'ont-elles pas dit après un accouchement éprouvant qu'elles ne recommenceraient jamais, pour revenir, moins de deux semaines après, sur leurs déclarations définitives ! Combien d'alpinistes rentrés épuisés d'une ascension se sont juré qu'on ne les y reprendrait plus et entreprennent quelque temps plus tard une course en montagne aussi longue et stressante ?

Après un divorce, les enfants ont tendance à estomper fortement les moments orageux, angoissants pour eux, que traversait le couple. Et même, beaucoup ne se souviennent plus que le couple parental battait dangereusement de l'aile, et ne gardent en mémoire que les bons moments, ceux où l'harmonie régnait encore. Ils se construisent alors l'image d'un mythique paradis perdu. La séparation ne peut donc être perçue comme un soulagement… mais plutôt comme une perte intolérable.

Les seuls cas où les enfants « cautionnent » le divorce de leurs parents sont ceux où la violence physique a parlé, de façon répétée, entre les conjoints. Voir ses géniteurs se frapper, parfois même être obligé de s'interposer, est insoutenable pour un enfant. Dans cette situation, et sans doute dans celle-là seulement, il préfère encore les voir se séparer.

Tout sauf un divorce ?

Voilà donc battu en brèche l'argument qui aurait pu aider les parents à mieux vivre cette séparation forcément douloureuse : épargner les enfants. C'est raté puisqu'ils ne sont même pas soulagés… Est-ce à dire qu'il fallait rester ensemble malgré tout, malgré la discorde ? On voudrait bien une réponse claire et nette à cette question. Les études se suivent et se contredisent, d'autant plus que l'idéologie peut s'en mêler.

Ainsi, un récent ouvrage publié par la thérapeute américaine Judith Wallerstein, *L'Héritage inattendu du divorce*[1], a fait à cet égard grand bruit. Elle y affirme haut et fort que mieux vaut un mariage boiteux qu'une séparation, même réussie. « Les enfants n'ont pas besoin que leurs parents s'adorent ni même qu'ils soient polis l'un envers l'autre. Ils ont besoin qu'ils restent ensemble », écrit-elle. Une conclusion à laquelle la spécialiste est parvenue après avoir renoué avec 131 enfants qu'elle avait suivis au moment du divorce de leurs parents, vingt-cinq ans plus tôt. Selon cet auteur, ces adultes sont aujourd'hui plus vulnérables aux drogues et à l'alcool que les enfants issus de foyers stables. Ils occupent en outre des emplois moins bien rémunérés et sont moins instruits que leurs parents. « Si ces parents avaient soupçonné les torts qu'ils allaient causer à leurs enfants, jamais ils n'auraient brisé la famille », poursuit-elle.

Cette étude comporte pourtant un problème : elle ne compare pas les enfants de parents divorcés à ceux de familles « unies » légalement mais en conflit, ce qui diminue fortement sa crédibilité. D'autant plus que dans un autre article, la même auteur se montre plus nuancée. À l'âge de 10 ans, les enfants réussissaient bien même si la moitié d'entre eux espéraient toujours une réconciliation entre leurs parents et parlaient avec nostalgie de leur vie antérieure. Entre 19 et 29 ans, beaucoup étaient fiers de leur plus grande maturité et indépendance, mais ils estimaient que le divorce avait en partie gâché leur enfance et gardaient un certain ressentiment envers leurs parents, avec la crainte de répéter un mariage malheureux. À laquelle de ces deux études faut-il

1. *The unexpected legacy of divorce*, Judith S. Wallerstein, Julia M. Lewis, Sandra Blakeslee, New York, Hyperion, 2000.

donc se fier ? On ne sait pas... Reste à souligner une chose : quels que soient les défauts du livre de Judith Wallerstein, il incarne un courant de pensée que l'on pourrait ainsi résumer : « Tout plutôt qu'un divorce... »

D'autres études proposent un son de cloche différent. L'une d'elles avance que les maladies somatiques et troubles psychologiques sont nettement plus importants chez les adultes qui ont vécu étant enfants dans un foyer en mésentente grave, et plus fortement encore quand les parents sont restés ensemble que lorsqu'ils se sont séparés [1]. Conclusion : ce qui serait dommageable à l'enfant, ce seraient les disputes, pas le divorce en lui-même.

Les travaux les plus sérieux vont effectivement actuellement dans ce sens et soulignent les points suivants :

1. La plupart des enfants traversent une période de perturbation affective pendant un à deux ans après le divorce de leurs parents.

2. À distance du divorce, leur comportement ne diffère pas de celui des enfants de familles « intactes », d'autant plus si le conflit parental a diminué d'intensité.

3. Une étude très intéressante par la méthode utilisée a consisté à suivre 110 familles, depuis la naissance de l'enfant jusqu'à ses 14 ans. Elle a montré que dans les 41 familles dont les parents ont divorcé, la plupart des problèmes affectifs de l'enfant attribués au divorce étaient présents bien avant celui-ci.

4. Plusieurs autres enquêtes arrivent à la même conclusion et vont même encore plus loin. Elles montrent qu'un élément essentiel pour l'évolution affective d'un enfant est l'existence d'un conflit parental et, surtout, la manière dont

1. Étude menée par Georges Menahem, chercheur au Centre de recherche, d'études et de documentation en économie de la santé, intitulée : « Troubles de santé à l'âge adulte et difficultés familiales durant l'enfance », *Population*, n° 4, 1992.

l'enfant y est impliqué plus que la séparation en elle-même[1].

Ainsi, il apparaît que les enfants issus de familles séparées mais sans conflit ouvert ont moins de problèmes que les enfants issus de familles intactes conflictuelles. Ces derniers ont une moindre réussite scolaire, plus d'agressivité, de tendance à la délinquance (pour les garçons), de dépression, d'anxiété (pour les filles) que les enfants de familles divorcées peu conflictuelles. On aboutit ainsi au dessin humoristique[2] dans lequel un maître de classe déclare à ses élèves : « Je souhaiterais que les enfants dont les parents divorcés entretiennent de bons rapports viennent en aide aux enfants dont les parents vivent ensemble dans le conflit. » Ainsi, comme nous le constaterons dans les pages qui suivent, si le divorce a bel et bien un impact sur l'enfant, ce n'est pas forcément celui auquel on s'attendait.

Ces études doivent être nuancées par le fait que chaque famille est particulière, et que chaque enfant a des ressources personnelles plus ou moins importantes pour faire face aux conflits et à la séparation.

Dans notre propre pratique, nous avons aussi constaté que ce sont souvent les enfants placés au cœur d'un conflit parental de longue haleine qui présentent les problèmes les plus graves et les plus difficiles à traiter. Dans ces couples qui refusent de se séparer et ne restent unis que par la haine, on observe souvent que l'enfant est très largement impliqué dans ce scénario du malheur, pour ne pas dire utilisé. Il se retrouve alors pièce impuissante d'un puzzle qui entrave sa liberté de penser, le fait souffrir sans issue, dont il ne peut se désimbriquer et qui risque de l'enfermer des années durant.

1. Jacques Lecomte, « Que deviennent les enfants du divorce ? », *Sciences Humaines*, n° 93, 1999, p. 13-17.
2. *Ibid.*

La dispute : une lame de fond

Revenons-en à un des éléments essentiels de l'affaire : les disputes entre parents sont-elles réellement traumatisantes pour un enfant ? Oui, répondons-nous fermement. Écartons d'emblée les chamailleries conjugales sans gravité. L'enfant sait parfaitement les repérer à tel point qu'il vient souvent y mettre son grain de sel. Ce peut être pour lui l'occasion de jouer son petit jeu œdipien, pour la petite fille de se ranger aux côtés de son père contre sa mère et inversement pour le petit garçon. L'enfant jubile de ces petites frictions car il sent parfaitement que l'enjeu n'est pas dramatique.

En revanche, il est apte à reconnaître les disputes graves, celles qui font planer la menace de la séparation. Et là, plus question de s'en mêler. L'enfant n'a alors qu'une envie : s'échapper le plus loin possible pour ne surtout pas avoir à prendre parti. Son souci prioritaire est, en effet, de maintenir un équilibre rigoureux entre l'amour qu'il dispense à son père et à sa mère, les deux personnes qu'il aime le plus au monde. Il est frappant de constater que même si l'un des deux parents a objectivement tort, il est rare que l'enfant l'accable. Pour lui, les deux sont responsables à égalité.

Cette attitude de neutralité absolue est la seule qui lui permette de garder son unité, de lutter contre l'écartèlement. Face à deux copains qui se querellent, un enfant pourra essayer de comprendre qui a tort ou raison, comment résoudre leur problème, comment désamorcer le conflit. Face à ses parents, sa principale préoccupation est de les aimer tous les deux et d'éviter qu'ils ne se séparent. Émettre un jugement, même exact, ce serait risquer de mettre de l'huile sur le feu et de se sentir ensuite responsable de l'aggravation de la fracture entre eux si elle se produit. Il ne peut qu'être envahi par l'angoisse, comme emporté par une lame de fond, à la dérive, sans prise aucune sur les événements. Cette situation est épouvantablement violente et dévastatrice pour lui.

Halte à la haine

Aussi, sur ce point, même si l'enfant ne se sent pas soulagé d'être enfin libéré des disputes de ses parents à la suite d'une séparation, osons dire que c'est, de toute façon, bénéfique pour lui. À condition évidemment que cette atmosphère de conflit ne perdure pas au-delà du divorce, ce qui reviendrait à cumuler les handicaps. Non seulement l'enfant doit « digérer » l'éclatement du couple parental mais, en plus, il continue de subir les affrontements de ses géniteurs.

Et là, la partie est hélas loin d'être gagnée... Combien de couples continuent leur guerre longtemps après que la vie commune a cessé. Combien se laissent aller devant l'enfant aux petites phrases perfides concernant l'« ex ». Combien saisissent le moindre prétexte (un tee-shirt oublié, un quart d'heure de retard, etc.) pour laisser parler la haine et régler des comptes.

Alors répétons-le encore et encore : ce n'est sans doute pas le fait de divorcer qui peut gravement déstabiliser un enfant au point d'hypothéquer sa vie relationnelle future, mais celui de ne pas baisser les armes, ne pas pouvoir s'empêcher de préférer l'hostilité et le ressentiment à des rapports si ce n'est sereins et neutres, mais au moins exempts de violence. Plus facile à dire qu'à faire. Pourtant, ce n'est qu'à cette condition de base que les enfants, inévitablement blessés par une séparation parentale, pourront se reconstruire au mieux.

□ Le cas de Maurice Berger : Antoine

Antoine a 6 ans. Depuis que ses parents se sont séparés un mois plus tôt, lorsque sa mère a réalisé que son époux la trompait, il est agressif et soucieux en classe, où il pleure parfois. Tous les soirs, il dit à sa mère qu'il est triste parce qu'il ne verra plus son papa et sa maman ensemble. Il n'obéit plus à sa mère.
Lorsque je le reçois seul, il m'explique qu'il pense que le divorce est « de la faute de ses deux parents ». Il en a parlé à une camarade de classe dont les parents sont divorcés et qui lui a dit que ce n'était pas grave « si les parents restent copains sans se disputer ». Mais pour lui, c'est grave. Il me raconte ensuite un cauchemar qu'il a fait dans lequel sa mère tue son père avec un couteau, ce qui l'a réveillé brusquement. Au cours de cette discussion, j'évoque avec Antoine la douleur qu'il ressent à constater la déchirure du couple de ses parents et sa difficulté à accepter que ce soit irréversible. Je ne commente pas le rêve qu'il me raconte et qui semble traduire la manière dont sa mère est en colère, dont elle s'est sentie bernée, d'autant plus que ce qu'Antoine ne sait pas, c'est que son mari la trompait pendant qu'elle attendait leur troisième enfant.
Après cet entretien, Antoine va mieux chez lui et en classe. On peut penser, à ce moment, qu'il avait essentiellement besoin de partager ses sentiments avec un adulte bienveillant et non impliqué dans le conflit, et que le temps pansera ses blessures.
Mais cinq mois plus tard, Antoine va de nouveau mal. Il parle comme un bébé, a peur quand sa mère quitte la pièce où il séjourne pour aller dans une autre. Reçu seul, il exprime son malaise par une série de dessins répétitifs : un garçon quitte sa maison pour aller vers une autre où il tente de s'installer, mais au bout d'un moment, il part pour une autre demeure, et ainsi de suite, dans un itinéraire interminable. Seul le fait de s'occuper d'un chien abandonné le console. Antoine figure ainsi son sentiment de ne plus avoir de lieu où éprouver une sécurité de base. Il n'a plus de lieu originaire et il erre d'une maison à une autre, comme il va dans la réalité de l'appartement de sa mère à

celui de son père, mais sans se sentir bien dans aucune de ces deux habitations. En s'occupant du chien abandonné dans l'histoire, c'est lui ayant perdu le couple de ses parents qu'il tente de soigner.

2

Je suis malheureux

Pour un enfant, divorce rime forcément avec souffrance. Pas seulement parce qu'il doit renoncer à sa vie d'avant mais aussi parce qu'il est remis en cause dans ses origines mêmes. Chacun réagit à sa façon, certains réussissant heureusement à surmonter cette nostalgie avec le temps, d'autres la transformant en refus, voire en déni du divorce.

D'une manière générale, il est plus facile au psychisme humain d'inventer une fusée allant sur la lune que d'accepter une séparation. Et, pour un enfant, le divorce de ceux qui lui ont donné la vie est de l'ordre de l'inacceptable. Certains n'auront d'ailleurs de cesse d'élaborer des stratégies pour réunir à nouveau leurs parents, même des années plus tard, même s'il y a eu remariage ou recomposition familiale. Et ils ne renonceront peut-être même jamais à ce rêve de réunion.

Pourquoi est-ce si dur pour un enfant de voir ses géniteurs se séparer ? Car après tout, il ne perd pas ses parents, il n'y a pas mort d'homme et sa relation avec chacun d'eux est maintenue ! Certes, mais il laisse bien autre chose dans un divorce : il doit renoncer à « l'objet » couple, à l'équation « papa + maman ». Et c'est cela qui lui est insupportable et douloureux.

Les origines en cause

Non il ne verra plus ses parents ensemble, non ils ne seront plus tous réunis le soir autour de la table ou pendant les vacances, non il n'ira plus les embêter le dimanche matin dans leur lit. Tous ces renoncements, ce trait tiré sur un passé qui ne reviendra plus, permettent bien sûr d'expliquer la tristesse de l'enfant.

Mais son refus de se résigner pourrait bien avoir des causes plus profondes, sans doute liées à l'image qu'il a de son origine. Il est, en effet, probable qu'à travers cette disparition du couple parental, il est dépossédé d'une partie de son identité. Car on n'est pas seulement l'enfant de son père ou de sa mère, mais on est le fruit d'une alliance entre deux êtres. Nous voilà au cœur du processus de filiation sur lequel il semble important de s'arrêter un moment...

Un enfant est toujours le théâtre des nombreuses projections que ses parents font sur lui. D'une certaine manière, ils l'ont conçu comme une sorte de prolongement d'eux-mêmes. Sans doute pour abriter en lui une partie d'eux : une façon de croire à une forme d'immortalité. C'est ainsi que Freud expliquait le besoin quasi irrépressible de l'homme de procréer. En d'autres termes, l'enfant ne peut être dissocié du couple qui lui a donné chair, un peu comme si tous trois ne faisaient qu'un. De plus, un enfant a besoin de pouvoir penser qu'il est né d'un désir, désir des deux parents de le concevoir ensemble, qu'il est le fruit d'un amour.

Ainsi, un enfant de 8 ans dont les parents se disputent avec une intensité telle depuis sa naissance qu'il a été nécessaire de l'héberger dans un foyer, leur déclare au cours d'une expertise : « Quand même, vous m'avez fait ! », montrant son besoin de penser qu'il est issu d'un couple qui s'est aimé à un moment. Voir éclater cette entité parce que les parents ne s'aiment plus, c'est supporter qu'une sorte de discrédit soit jeté sur ses origines, que l'image idéalisée de son origine soit abîmée rétroactivement.

Remarquons au passage que même lorsque le père disparaît au cours de la grossesse ou à la naissance, il est important pour l'image que l'enfant a de lui-même d'entendre sa mère pouvoir lui dire qu'elle l'a conçu avec un homme qu'elle aimait, que tous deux étaient amoureux au moment où ils l'ont fait, et qu'elle a eu envie de garder l'enfant qu'elle avait fait avec cet homme, même si lui n'était pas prêt ou pas intéressé par un rôle de père. Car c'est une charge lourde à porter dans la vie pour un enfant que d'apprendre à la fois que sa conception n'était pas désirée et que, de plus, à cette période, le couple parental ne s'aimait pas ou plus. Que peut-il imaginer ? Être le fruit de la haine ? Être né à un moment où il était encombrant ? Être né d'un couple qui ne parvenait pas à se séparer (parce que chacun craignait trop la solitude ou parce que l'un avait trop peur de la violence de l'autre ou en dépendait financièrement) ?

Par ailleurs, c'est à travers l'action conjuguée de ses deux parents ensemble que l'enfant s'est construit depuis sa naissance. Quand un enfant naît, se met en place ce que les psychanalystes appellent le « contrat narcissique familial ». Ses parents cherchent ce que leur rejeton possède de semblable à eux, ils sont à l'affût des ressemblances physiques, des mimiques qui vont faire de lui un « proche », un « identique ». Ils privilégient ainsi les éléments familiers par rapport à l'aspect étrange-étranger qu'a tout enfant qui naît dans une famille avec ses caractéristiques physiques et psychiques propres. Ainsi, l'enfant est pleinement accueilli et inclus non seulement dans le couple, mais aussi dans le groupe familial qui va lui proposer ses joies, ses valeurs, ses projets. Les « Oh ! regarde, il a ton nez ! » ou les « Mais il a les mêmes oreilles que moi ! » n'ont rien d'anodin ! Ils visent à « prendre » le bébé dès sa naissance dans ce fameux contrat. En dissocier les parties prenantes, revient à saper les fondations les plus intimes de l'enfant. Au passage, on peut se demander ce que devient la ressemblance en cas de divorce ? Un parent est-il irrité de lire sur le visage de son enfant certains traits physiques ou certaines mimiques de l'autre parent, comme s'il gardait malgré lui la marque de cette « mauvaise » origine ?

Enfin, c'est au sein du couple qu'il a trouvé cet amour inconditionnel qui lui a permis d'acquérir une bonne image de lui, une estime suffisante de lui-même. Car tout le monde le sait, quoi de plus partial que l'amour des parents ? À leurs yeux, leur bébé est évidemment le plus beau, le plus intelligent, le plus merveilleux. Une affection et une admiration sans nuance que l'enfant reprend à son compte et qui l'aident justement à se sentir aimable. Sans cette bonne dose d'amour inconditionnel au départ (qui heureusement est mâtiné ensuite de limites et d'interdits), aucun individu ne pourrait vivre harmonieusement. C'est aussi cela qu'un enfant perd dans le divorce : un couple uni en train de l'admirer. Et même si chacun des parents continue de l'admirer de son côté, il doit tout de même renoncer à cet élément fondateur de son narcissisme.

Nostalgie, nostalgie

Comment l'enfant va-t-il réagir à cette souffrance qu'on lui impose ? Tous les cas de figure sont évidemment possibles. Mais, en règle générale, il passe par une période de grande nostalgie où il regrette sa vie d'avant. Rien que de très normal et légitime. Parfois il s'en tient là, parfois il monte d'un cran. Il se trouve alors dans une situation ambiguë : d'un côté il sait que ses parents ne se remettront pas ensemble, d'un autre, il entretient dans son esprit l'illusion que tout est possible et il attend le retour de l'objet perdu (le couple uni). Cette position comporte un certain risque dans la mesure où elle empêche le travail de séparation de s'effectuer correctement.

Il faut dire ici quelques mots de ce travail de séparation. On utilise trop facilement l'expression « faire le deuil » pour indiquer qu'un sujet doit accepter une perte, renoncer, dans le cas présent, à ce que ses parents revivent ensemble. Ces termes nous paraissent inexacts : le travail de deuil concerne la mort d'un être cher. Après un temps de tristesse plus ou moins long, le sujet, sans oublier la personne disparue, peut petit à petit recommencer à avoir de nouveaux investissements dans la vie (à moins de se figer dans un deuil pathologique, avec une dépression interminable). La situation est différente face à un divorce : l'enfant a, certes, perdu le couple de ses parents, mais son père et sa mère sont toujours vivants. La perte n'apparaît pas forcément comme irréversible. Le sujet peut s'installer dans une sorte d'attente du retour du passé, même s'il sait que, dans la réalité, cela ne se produira jamais. Pour de nombreux enfants, le travail de séparation, c'est-à-dire la reconnaissance de l'aspect irréversible du divorce, ne s'effectue pas avant l'âge adulte, et une partie d'eux entretient cet espoir d'un hypothétique retour à la situation d'antan, celle d'avant la séparation.

Paradoxalement, un enfant aura d'autant plus de mal à se défaire de ses souvenirs qu'ils étaient désagréables. Le psychisme humain fonctionne ainsi qu'un sujet se sépare plus facilement d'un « bon objet » que d'un mauvais ! Un « bon objet », on en a bien profité même s'il est perdu. Il a permis de vivre des expériences agréables, d'éprouver le sentiment d'avoir une certaine valeur, de se constituer de bons souvenirs. Avoir pu mettre en soi les qualités de cet objet permet de se sentir apaisé, rassuré, solide et aimable même en son absence. Alors qu'on est obligé de transformer et d'idéaliser un « mauvais objet » pour pouvoir le supporter en soi. Et les enfants issus d'un couple autrefois très conflictuel ont sans doute encore plus de mal à renoncer au couple de leurs parents.

La force du déni

Il arrive aussi que l'enfant bascule de la nostalgie dans le déni, un cas de figure assez grave. Il n'entretient plus seulement le rêve ou l'illusion que ses parents vont revivre ensemble, il y croit dur comme fer, malgré toutes les apparences, malgré la réalité. Dans son psychisme coexistent donc, côte à côte et bien séparés, deux raisonnements contradictoires, l'un fondé sur la réalité (mes parents sont séparés), l'autre sur une utopie (ils vont se réconcilier). On parle alors de clivage, comme si son esprit était coupé en deux territoires n'entretenant plus aucune communication.

Pour faire tenir tant bien que mal cet échafaudage branlant, l'enfant mobilise une incroyable énergie qu'il pourrait utiliser autrement, de manière plus créative. Il occupe tout son temps et ses ressources à lutter contre l'idée que ses parents sont séparés, à inventer des stratagèmes pour que le couple revive ensemble. Ainsi, un garçon de 10 ans propose à son père d'inviter son ex-femme au restaurant puis au cinéma. Prisonnier d'un tel fonctionnement, il ne peut plus apprendre, plus investir sa pensée dans d'autres plaisirs, plus jouer, plus nouer de liens avec des camarades. Il se dévitalise littéralement, ne fait que ressasser les mêmes idées.

Comment se rendre compte si son enfant a basculé dans

le déni ou s'il est encore dans la simple nostalgie ? Ce n'est pas parce qu'un enfant répète souvent qu'il veut que son père revienne qu'il est dans le déni. Ni même parce qu'il est triste et pleure fréquemment. Il faut que le déni dure depuis longtemps pour pouvoir en affirmer le caractère pathologique. Pour être dans le déni, il faut donc une notion de durée. Un enfant ne peut « encaisser » un traumatisme aussi important qu'un divorce en quelques jours, ni même quelques semaines. Une année semble être un minimum pour retrouver un certain équilibre.

Un signal doit cependant alerter les parents : l'impossibilité de jouer. Tant qu'un enfant s'amuse, c'est qu'il va plutôt bien. Mais attention, il y a jouer et jouer... Son jeu doit être réellement créatif et imaginatif. Un enfant qui passerait ses journées à faire la même chose, à mettre en scène des poupées en train de se séparer et de se réconcilier, à ne faire que construire une maison en Lego pour papa et maman, serait dans un comportement compulsif et répétitif. Là, il y a danger et sans doute de bonnes raisons de consulter un spécialiste, tout en sachant que ces situations sont les plus difficiles à traiter : ces enfants n'acceptent pas qu'on prononce devant eux les mots « divorce » ou « séparation ». Ils tolèrent tout au plus que l'on évoque avec eux d'autres préoccupations. Et si on leur propose une activité libre (dessin, jeu avec des personnages), on se rend compte du peu de capacité de jeu qu'ils ont à leur disposition pour exprimer, symboliser leur souffrance interne.

Il est impératif de s'inquiéter d'un enfant qui s'est réfugié dans le déni. Ce fonctionnement est une véritable bombe à retardement. Car, un jour ou l'autre, il est fort probable qu'un événement viendra mettre un terme à l'illusion dans laquelle s'est enfermé l'enfant : le remariage de l'un de ses parents, la naissance d'un demi-frère ou d'une demi-sœur, peu importe. À ce moment, sa souffrance à l'état brut explosera en lui, sans qu'aucun travail d'élaboration n'ait pu être fait depuis le moment du traumatisme. Rien n'a mûri, rien n'a été digéré. Les dégâts sont alors lourds...

Les mots pour le dire

Tous les parents qui en sont passés par là se posent la question : que faire pour atténuer la souffrance de leurs enfants ? Le fait de leur expliquer les raisons du divorce peut-il les aider à mieux le vivre ? On a longtemps cru les mots tout-puissants pour gommer les douleurs. Erreur ! Parler à l'enfant, tout lui dire, n'affaiblira en rien l'intensité de sa peine. Inutile de se bercer d'illusions.

Pourtant, les explications sont nécessaires. Elles ont au moins le mérite de diminuer l'arbitraire, de permettre de répondre aux questions et aux angoisses. Va-t-il changer d'école, de maison, quand et où verra-t-il son père, etc. S'ils sont impuissants contre la souffrance, les mots évitent les malentendus. Même s'ils n'aident pas l'enfant à mieux accepter la situation, ils font de lui une personne respectée, considérée. Et c'est primordial.

Faut-il entrer dans le détail des causes de la séparation ? Rien n'empêche de livrer quelques éléments qui permettront à l'enfant de comprendre, de réfléchir. Nous nous séparons car nous ne nous aimons plus, car nous n'arrivons plus à vivre ensemble sans nous disputer ou encore parce que j'aime quelqu'un d'autre. L'important est de ne surtout pas essayer de le convaincre, de lui « vendre sa soupe » ! L'argument « Je m'en vais car ça sera mieux pour toi » n'est en aucun cas acceptable pour l'enfant.

□ Le cas de Maurice Berger : Charles

Charles a 13 mois lorsque ses parents se séparent. Pour des raisons qui nous échappent, il va développer une forme de refus et de déni du divorce particulièrement tenace, et qui ne sera pas améliorée par des entretiens familiaux avec ses parents, coopérants, et par des entretiens individuels. Au bout de quinze mois de traitement, il n'ira pas mieux.

Ses deux parents sont remariés. Lorsque son père a une fille de son deuxième mariage, Charles, 5 ans, demande : « Pourquoi ma sœur a son papa et sa maman ensemble, alors que moi, je n'ai pas droit à cela ? » À ce moment, il proposera à son père l'arrangement suivant, au cours d'une conversation. Il indique d'abord à M. L. que l'appartement situé au-dessous de celui de sa mère est libre et qu'il pourrait venir y habiter, ce qui permettrait que son père le garde lorsque sa mère est au travail ou part faire des courses. M. L., qui perçoit le sens de la demande de son fils, lui répond : « Je ne sais pas si tu as remarqué, mais je suis remarié, et de ce remariage est née ta petite sœur ; et ta mère s'est aussi remariée et elle a aussi eu un enfant avec son deuxième mari. » Charles répond tranquillement qu'il sait que le remariage de sa mère et de son père ensemble ne peut pas s'effectuer tout de suite. Il faut qu'ils divorcent tous les deux de leur conjoint actuel, qu'ils attendent un moment (intuition du délai de vacuité qui indiquait autrefois qu'une femme devait attendre neuf mois pour se remarier afin d'être sûre qu'elle n'était pas enceinte de son conjoint précédent ?), et qu'après ils pourront se remettre à vivre ensemble. Charles a donc pensé à tout avec précision.

Lorsqu'il est reçu avec sa mère, cet enfant se bouche les oreilles chaque fois que cette dernière évoque les circonstances de la séparation parentale et ne veut entendre aucune de mes paroles portant sur ce thème. Il essaie par tous les moyens imaginables de parler avec sa mère pour nous interrompre et détourner la conversation. L'aspect insupportable de toute évocation du divorce se manifeste sous la forme d'une agitation extraordinaire qui n'a lieu que dans mon bureau, et qui stupéfie M. L. lors d'une consultation car il n'a jamais vu auparavant son fils dans cet état. Lorsqu'il est seul avec moi, Charles est incapable de réaliser le moindre dessin et de soutenir la moindre discussion. Il bouge sans arrêt et se livre à une activité musculaire effrénée. Sa seule activité est de marquer sur une feuille blanche des points parfaitement symétriques qu'il plie en son milieu, ce qui fait que ces points se correspondent et se chevauchent, représentation probable de sa tentative permanente de maintenir ses parents unis entre eux.

Au retour des vacances d'été, Charles fait une fois de plus la comparaison entre ce qui s'est passé lorsqu'il était avec sa mère puis avec son père, dénigrant lorsqu'il est chez un parent les bons moments qu'il a passés avec l'autre. Son père et sa belle-mère finissent par lui dire qu'ils en ont assez de ces parallèles incessants. On constate comment cet enfant ne peut pas penser les différences comme complémentaires, les investir avec un plaisir curieux. Il les ressent seulement comme intolérables car elles lui rappellent la séparation.

M. et Mme L. sont tellement inquiets des difficultés de leur fils qu'ils demandent à se rencontrer devant lui en ma présence. Tous deux reconnaissent qu'ils se sont « comportés comme des enfants » dans les circonstances du divorce et après, et qu'ils ont pris leur enfant comme enjeu à cette période, faisant alors fortement intrusion dans sa vie psychique. Malgré cette séance assez étonnante, Charles dit plus tard qu'il pense que c'est de sa faute si ses parents se sont séparés et, peu après, il refusera définitivement de revenir en consultation.

3

C'est de ma faute

Confronté à la séparation de ses parents, un enfant réagit parfois en se sentant coupable. Il n'y peut d'ailleurs pas grand-chose : son inconscient se charge pour lui d'endosser la responsabilité de cet événement, comme de tous ceux auxquels il ne sait apporter d'explication concluante. Mais au-delà de l'inconscient, un enfant ne peut souvent que constater les faits : c'est bien sa naissance qui a révélé au grand jour les failles du couple parental, jusque-là restées dans l'ombre...

« C'est pas moi, c'est pas moi ! » Habituellement, un bambin est plutôt prompt à se dédouaner de toute responsabilité quand une bêtise est commise. Face à un événement grave qui le touche directement, comme la séparation de ses parents, il en va tout autrement. Dans ces circonstances, il se sent au contraire souvent coupable, en tout cas responsable, de l'éclatement du couple parental. Qu'est-ce qui peut lui faire penser une chose pareille ? Beaucoup de parents prennent particulièrement soin, à l'annonce du divorce, de lui expliquer qu'il n'y est absolument pour rien. Alors pourquoi ne les croit-il pas sur parole ?

Parce que là encore nous voilà confrontés à une règle du fonctionnement psychique : un enfant préfère souvent penser qu'il est à l'origine de ce qui arrive, plutôt que d'avoir le sentiment qu'il n'a aucune maîtrise sur son sort, ce qui le renverrait à une situation d'impuissance angoissante. Des études concernant des enfants atteints de leucémie ont bien montré cette implication quasi systématique : quand on leur demandait ce qu'ils imaginaient pouvoir être la cause de leur maladie, ils répondaient qu'ils étaient souffrants parce qu'ils avaient été méchants, pas sages ou avaient eu de vilaines pensées. En quelque sorte, ils avaient été punis.

En plaidant coupable, mine de rien, l'enfant se ménage une porte de sortie. Puisque c'est lui qui est à l'origine de la catastrophe, il peut sans doute aussi être celui qui va tout arranger. En étant « vilain », il l'a provoquée. En devenant gentil, il va peut-être pouvoir la maîtriser. Cette culpabilité que l'enfant ressent au moment de la séparation de ses parents est évidemment dangereuse. Non seulement elle est très lourde à porter pour lui, surtout s'il assiste à la souffrance de ses parents mais, de plus, elle lui confère un pouvoir réparateur illusoire qu'il ne possède évidemment pas.

Malheureusement, ce mécanisme inconscient de la culpabilité est très difficile à démonter. La preuve : il nous poursuit encore à l'âge adulte. Un piéton qui se fait faucher par une voiture folle, alors qu'il marchait tranquillement sur le trottoir, ne peut accepter l'absurdité d'une telle situation, ne peut se résoudre à cautionner le hasard. À un moment ou un autre, son inconscient lui susurrera qu'il y est sans doute pour quelque chose, qu'il n'avait pas à se trouver là à ce moment précis. Ce genre de pensée magique ne nous quitte jamais tout à fait, alors que dire de la puissance qu'elle peut revêtir chez un enfant...

Quand l'enfant paraît... et que le couple se défait

Très souvent également, l'enfant se sent responsable du divorce... tout simplement parce qu'il en est réellement la cause indirecte. Combien de couples éclatent du fait de la naissance d'un bébé, faute d'avoir su passer du statut de couple conjugal à celui de couple parental ? Cela n'a rien de rare, puisque de nombreuses séparations interviennent quand les enfants sont encore en bas âge. Et un enfant, même petit, est tout à fait capable de sentir, d'intérioriser le rôle prédominant qu'il a joué dans cette partition de la rupture. Avant lui, ses parents s'entendaient bien. Avec lui sont apparues failles et fissures dans leur relation.

Avoir un enfant, c'est un acte fou, un acte de passion... mais surtout un pari très risqué dont on ne mesure pas toujours les réelles conséquences sur le couple. Ce bébé, on le voit forcément comme un ciment, un élément fondateur d'une famille unie. Et si ce n'était pas si simple, si limpide ? Et si un bébé faisait davantage courir de risques à un couple qu'il ne le soude ? Qui peut dire, en effet, quel genre de mère ou quel genre de père l'on sera une fois que le bébé sera là, en chair et en os ? Il est très facile de s'imaginer en parents parfaits et unis autour d'un berceau habité par un petit être imaginaire. Mais quand l'enfant réel paraît, il peut parfaitement faire voler en éclats toutes ces projections... et le couple avec.

Un bébé va agir comme un révélateur... C'est ainsi que certains hommes ne peuvent supporter de voir leur femme devenir mère. Un cas de figure beaucoup plus courant qu'on ne le croit. On peut voir derrière cette peur de la maternité, le refus de l'engagement, le désir de prolonger encore cette vie d'adolescent, cette existence faite de possibles et de liberté. Mais il y a aussi fort à parier que l'arrivée de ce bébé renvoie ces hommes-là à leur propre enfance, peut-être à un compte non réglé avec leur mère, à une relation sans doute pas si harmonieuse que ça. Ne dit-on pas qu'après une naissance, un parent redevient l'enfant de ses propres parents, au sens où il revit certains sentiments de son enfance qu'il avait oubliés. Résultat : assister au spectacle de leur femme qui donne le sein à l'enfant, ou envisager d'avoir à nouveau des rapports sexuels avec elle, qui fait maintenant partie de la catégorie des mères, tout cela leur est insupportable. Et cela peut largement suffire à réduire une union à néant.

Bien sûr, ce n'est pas de la faute du bébé, n'empêche qu'il a été le déclencheur, presque l'incarnation de cette prise de conscience. Dès lors, il ne peut se sentir complètement étranger à la séparation. Comme ce petit garçon qui disait très justement : « Mon papa ne veut plus de ma maman parce que je lui ai pourri le ventre »... Avait-il entendu des choses, les avait-il confusément perçues ? En tout cas, il assumait à part entière le rejet de sa mère par son père.

La venue d'un bébé peut mettre au jour toutes sortes d'autres malentendus parentaux. On peut constater que l'autre n'est pas du tout le père ou la mère que l'on avait rêvé. À l'occasion de la naissance, chaque parent révèle une partie de lui que l'autre ignorait. Et que lui-même ignorait aussi, probablement. Telle mère ne parviendra pas à se « décoller » de son enfant, refusant par là même au père la place qui est la sienne, le plaçant devant un choix cornélien : rester et renoncer à son rôle paternel, perdre son couple et pouvoir assumer sa paternité loin de la mère. Encore une situation qui peut mener à la séparation et dans laquelle l'enfant occupe une place déterminante. Si ce bébé n'était pas venu au monde, jamais cet homme n'aurait été mis en face du comportement excessif de sa femme. Et peut-être le couple serait-il encore uni...

Circonstances aggravantes ?

Enfin, il n'est sans doute pas inutile de souligner que la plupart des disputes auxquelles les enfants assistent partent d'un différend éducatif. On peut supposer (ou au moins espérer !) que quand les parents ont des comptes à régler sur leur sexualité, leurs problèmes d'argent ou autres sujets intimes, ils le font en privé. Mais du coup, à force d'entendre des « Tu leur passes tout ! », « Tu n'as pas d'autorité ! », « Tu ne t'en occupes jamais ! », les enfants peuvent avoir la fâcheuse impression que leurs géniteurs ne se querellent qu'à propos d'eux.

Reste à aborder la fameuse question œdipienne. Certaines théories avancent l'hypothèse que la culpabilité de l'enfant serait d'autant plus forte que la séparation interviendrait à la période de l'œdipe (globalement entre 3 et 6 ans). À cette époque de sa vie, le tout-petit est agité de violents désirs intérieurs : il est fondamentalement attiré par le parent du sexe opposé au sien et il fantasme volontiers sur la disparition du parent rival, celui du même sexe que lui. « Quand papa sera mort, je me marierai avec toi », disent même certains garçons directement à leur mère. Le divorce viendrait donc réaliser ses vœux les plus chers : voir ses parents se séparer pour « récupérer » sa juste place. Et l'on a souvent émis l'hypothèse que l'enfant pouvait alors croire que ses fantasmes étaient devenus réalité et s'en sentir profondément coupable.

Pendant longtemps, nous avons pensé ainsi, mais nous estimons maintenant qu'il s'agit là d'une interprétation trop simple. Certes, certains enfants vont tenter leur chance : telle petite fille essaiera d'être la parfaite maîtresse de maison de son père divorcé, ce qui peut entraîner une certaine culpabilité. Mais notre pratique nous a amené à la certitude suivante : lorsqu'un enfant souffre de manière importante et durable du divorce de ses parents, ce n'est jamais lié simplement à une culpabilité œdipienne. Et nous avons constaté qu'un travail psychothérapique portant sur les sentiments de rivalité n'est alors pas suffisamment aidant. Il y a toujours d'autres éléments beaucoup plus complexes pour expliquer cette souffrance. Nous devons tenir compte de cette réalité, même si elle met à mal nos théories.

Proclamez-le non coupable

Dans ce contexte, faut-il dire et répéter à l'enfant au moment de la séparation qu'il n'en est en rien responsable ? Même si, comme on l'a vu précédemment, ces précautions ne suffisent pas à désarmer le processus de culpabilité, même si le couple n'a pas implosé sur une impossibilité d'accéder à une co-parentalité harmonieuse (il y a bien d'autres causes à une séparation), il importe de rassurer l'enfant sur sa non-culpabilité, de le lui dire au moment du divorce, et pourquoi pas de le lui répéter de temps en temps, au fil des semaines qui suivent, que le divorce est avant tout un problème d'adultes entre eux.

□ Le cas de Maurice Berger : un bébé gâcheur

L'exemple suivant montre de quelle manière la venue au monde d'un enfant déstabilise un père et son couple conjugal.
Le lendemain de l'accouchement, un père tape violemment son bébé sur les fesses parce qu'il refuse de prendre le sein de sa mère. La situation est suffisamment choquante et grave pour entraîner une discorde importante dans le couple. Reçu en entretien,

ce père explique qu'il ne peut pas supporter que son enfant refuse le bon lait qui lui est proposé et qu'il se permette de faire du gâchis. Ainsi qualifie-t-il ce qui est une banale difficulté au premier jour de la mise en route d'un allaitement. Interrogé sur son histoire, ce monsieur raconte que son propre père avait un caractère très dur (nous dirions même tyrannique), et qu'il exigeait, sous peine de sanctions physiques, que ses enfants ramassent et mangent les miettes de pain qui restaient sur la table à la fin du repas afin qu'il n'y ait pas de gâchis. Ainsi, dans les heures qui suivent la naissance de son enfant, cet homme se trouve soumis au dilemme suivant. Soit adhérer aux valeurs éducatives de son père, et pour cela faire preuve de violence à l'égard de son enfant et risquer un divorce. Soit commettre un « meurtre éducatif », c'est-à-dire critiquer son père pour la première fois de sa vie et considérer qu'il s'y est mal pris avec lui. Mais si cet homme pense que son bébé a tout son temps, que le plus important est le plaisir que son enfant prendra dans la vie et dans les relations avec les autres, il souffrira en réalisant à quel point son enfance a été gâchée, sacrifiée par son père. On comprend à travers cet exemple que, si on sait à peu près quel est l'homme ou la femme qu'on épouse, on ignore quel père ou quelle mère il ou elle sera, et c'est la venue au monde du bébé qui le révélera.

4

J'ai peur

Après un divorce, certains enfants peuvent apparaître craintifs, s'inquiétant de tout et pour tout le monde. Comme s'ils vivaient dans la peur. Il est vrai que la séparation a fragilisé le contexte dans lequel ils évoluaient. Elle a fait voler en éclats le groupe auquel ils appartenaient – la famille – qui leur prodiguait une sécurité de base dont ils doivent aujourd'hui se passer.

« Je ne veux pas dormir, j'ai peur des monstres », « J'ai peur que tu meures... » Tous les enfants passent par des périodes de peurs intenses. Souvent, ils prennent même un certain plaisir à se faire peur tout seuls, notamment en se repaissant d'histoires et de livres dont les héros sont d'horribles créatures. Avoir peur, se poser des questions sur la mort à un certain âge, fait partie du développement psychologique normal des enfants.

Le quotidien chamboulé

Ceux dont les parents sont divorcés seraient-ils plus exposés à ces craintes ? On peut se le demander. Il est clair que le bouleversement de leurs conditions de vie est propre à créer un réel climat d'inquiétude. Certains enfants sont alors obligés de déménager car leur mère ne peut plus conserver l'habitation dans laquelle la famille résidait jusque-là. Ils doivent aussi s'habituer à une autre demeure, celle de leur père chez qui ils vont passer un week-end sur deux et des vacances, ou chez qui ils habitent à mi-temps.

Laisser derrière eux la chambre dans laquelle ces enfants s'étaient installés depuis peut-être plusieurs années, qu'ils avaient investie de nombreux souvenirs, de tous leurs objets, de tous leurs joujoux, dont ils s'étaient fait un véritable cocon protecteur, voilà qui n'est pas très sécurisant. Déménager, c'est perdre ces repères, fondamentaux pour un enfant. Et être confronté à un nouveau lieu, vide de sens et d'histoire, au moins au début. Cette nouvelle chambre à investir et à habiter, comme une page blanche à remplir, peut très légitimement angoisser l'enfant.

À cette rupture avec le lieu de vie initial s'ajoute parfois un changement d'école et donc la perte des copains. Encore un pilier sécurisant de taille qui s'affaisse... Sans compter les problèmes de baby-sitting qui peuvent aussi surgir : chaque parent est seul pour tenter de concilier ses horaires professionnels et la garde des enfants, l'autre n'étant plus là pour prendre le relais. Résultat, on jongle avec les baby-sitters et des solutions de garde souvent « bricolées » au dernier moment. Quoi de plus déstabilisant pour un enfant qui a besoin de ses petites habitudes pour se sentir en sécurité ?

On peut enfin évoquer les soucis d'ordre financier car un divorce s'accompagne souvent d'une baisse importante du niveau de vie. Voir sa mère ou son père compter en permanence, avoir du mal à boucler les fins de mois peut-il angoisser un enfant ? Les pertes – toutes ces choses que l'on faisait et que l'on ne fait plus parce qu'on ne peut plus se les payer – sont certainement dures à vivre pour l'enfant et insécurisantes.

Mais tout dépend de la façon dont on lui présente la situation. Il y a ainsi une énorme différence entre dire à son enfant : « Il y a des choses qu'on ne peut plus faire, mais ce n'est pas grave, on s'en passera, il va falloir faire un peu attention mais en s'en sortira » et lui asséner : « C'est à cause de ton père (ou de ta mère) qu'on n'a plus rien ! » Dans le deuxième cas, on ajoute à l'enfant un souci en le mettant dans la situation de juger, d'en vouloir à l'un de ses deux parents.

L'essentiel est en fait d'essayer de ne pas transmettre sa propre panique à ses enfants ni ses ressentiments sur ces questions d'argent. L'enfant aura tendance à grossir le moindre souci exprimé par l'un de ses parents. Il risque ainsi de prendre l'expression « Je n'ai plus un sou » au pied de la lettre. Il imaginera les caisses totalement vides et le loyer impayé. Autant lui éviter ce genre de scénarios catastrophe peu enclins à lui procurer un climat de sérénité. Ces affaires d'argent sont des affaires d'adultes : même si les problèmes se posent avec intensité, un enfant n'y pourra de toute façon rien... Inutile donc de l'y associer.

Qui va nous protéger ?

Si les chambardements de la vie quotidienne peuvent en partie expliquer les peurs des enfants de parents divorcés, ils ne suffisent pas. Ce serait d'avantage l'explosion du couple qui serait à l'origine de certaines angoisses. L'enfant a assisté en direct à la rupture du lien qui unissait ses parents. Subitement, des problèmes d'adultes sont venus faire intrusion dans son monde à une époque de sa vie qui aurait plutôt dû être marquée par une certaine insouciance. Être confronté trop tôt à des questions de « grands » ne peut bien sûr que l'inquiéter.

À titre de parenthèse, on peut noter que les divorces qui interviennent durant la grossesse ou lorsque les enfants n'ont que quelques mois, semblent entraîner une moindre inquiétude chez ces derniers. Comme si c'était le fait d'assister à la rupture du couple qui créait l'insécurité.

Dans la tête d'un bambin, le couple uni représentait sans doute une « assurance tous risques », une « assurance vie », une sorte de rempart contre les malheurs, tout spécialement contre la mort. Dès le moment où cette entité éclate, l'enfant se sent subitement dans un contexte moins stable et plus fragile. La question de la mort de l'un ou l'autre parent se pose notamment avec plus d'acuité.

Car avec le divorce, c'est toute une organisation qui explose. Dans tout groupe, y compris dans un couple, il semble que « systématiquement » un de ses membres assure une fonction de « vigilance protectrice ». Un peu comme dans une cordée d'alpinistes où il y en a forcément un qui s'exclamera « attention au pont de neige ! » quand un danger se présente. Comme s'il fallait impérativement qu'un des membres du groupe prenne en charge la protection des autres à un moment donné, en signalant le risque à voix haute. Cela n'incombe d'ailleurs pas toujours au même et ce rôle de « veilleur » peut être endossé tour à tour par l'un ou l'autre.

Dans un couple, c'est aussi ainsi que cela fonctionne. Un parent protège l'autre, souvent à tour de rôle. C'est à cette fonction protectrice que se rattachent les « Fais attention en voiture, la route est glissante » et autres « Sois prudent(e) ». Par moments, le conjoint n'est plus un amant ou une amante, il n'est plus seulement parent de l'enfant, mais un peu parent de son compagnon ou de sa compagne.

Mais, quand le couple n'est plus, qui va assurer cette mission protectrice ? Face au vide, il arrive que l'enfant décide de lui-même de s'en charger, de suppléer le parent qui n'est plus là de façon plus ou moins consciente. Il s'inquiétera alors sans arrêt pour sa mère ou son père, lui faisant mille recommandations de prudence à tout propos. Ce nouveau rôle qu'il s'est attribué peut le faire apparaître aux yeux de son entourage comme craintif, ayant peur de tout.

Écartelé entre deux pôles

Plus profondément que cette espèce de crainte diffuse, il semblerait que l'enfant de parents divorcés ait à faire face à une angoisse d'écartèlement. L'humain est ainsi fait qu'il a besoin d'appartenir à un groupe originaire dont il attend la sécurité. Personne ne peut vivre en étant complètement seul et indépendant : qu'on le veuille ou non, nous appartenons tous à un groupe qu'il soit social, politique, familial, religieux, géographique, etc. Cela procure un sentiment de solidité interne, d'appartenance, qui est une des meilleures protections qui soit contre les sentiments de solitude. Ce groupe, auquel l'on peut faire appel dans la réalité ou en pensée, constitue un appui essentiel, un lieu de protection où l'on peut revenir partager les épreuves difficiles que l'on traverse, « lécher les plaies » occasionnées par les contacts avec le monde extérieur. Pour un enfant, son groupe de référence essentiel et premier, naturel, c'est le couple parental. Son éclatement peut donc faire apparaître chez lui un sentiment de « désabritement ».

Plus compliqué encore, après le divorce, l'enfant n'appartient plus à un groupe mais à deux, désormais bien distincts... Avant la séparation, l'enfant avait à faire avec un seul et unique pôle identitaire, celui de sa famille. Tant que le couple était marié, il présentait un fond commun : comme il fallait que ça « colle », il y avait des compromis, des concessions, des valeurs qui s'emboîtaient, se répondaient, se complétaient, s'équilibraient.

Mais quand les deux pôles éclatent, les valeurs s'exacerbent de chaque côté. L'enfant doit désormais se débrouiller avec deux pôles identitaires complètement différents, par exemple, l'un avec des valeurs féminines, l'autre avec des valeurs masculines. À lui de faire la synthèse entre ce qui prend souvent des allures d'extrêmes. L'enfant peut alors se sentir complètement perdu, sans plus de références claires et bien définies, dans une zone très insécurisante de sables mouvants...

Maintenant que son groupe familial s'est scindé en deux parties, l'enfant passe d'une relation de petit groupe (avant le divorce, ils étaient au moins trois, davantage s'il y a des frères et sœurs) à des relations en tête à tête (lui avec sa mère, lui avec son père). L'enfant se retrouve alors pris dans des liaisons à deux, comme s'il formait un couple avec chacun de ses parents. Il est prisonnier d'une construction bancale qui a quelques chances de l'inquiéter.

Peur de l'abandon, un faux problème ?

Dans les peurs des enfants de divorcés, on évoque très souvent les angoisses d'abandon. Puisque leurs parents qui se sont aimés s'abandonnent l'un l'autre aujourd'hui, peut-être craignent-ils eux aussi d'être un jour laissés pour compte. Cette thèse ne nous semble pas très convaincante... Pour qu'il y ait peur d'abandon chez un enfant après le divorce, il faut vraiment qu'il ait une fragilité préexistante dans ce domaine, qu'il ait mal surmonté cette angoisse quand il était bébé.

C'est, en effet, dans sa première année de vie que le nourrisson règle normalement ce problème : petit à petit, il intègre l'idée que l'on peut s'éloigner des objets et surtout des personnes sans qu'ils cessent d'exister. Au départ, un tout-petit se conçoit comme identique à la mère, il a son visage, il se confond avec son corps. Au fil des mois, il va réussir à prendre ses distance pour construire sa propre identité. Mais il ne peut réussir ce « décollage » que s'il a emmagasiné suffisamment de bonnes expériences en lui, que si les relations avec son entourage, sa mère en particulier, ont été suffisamment stables et satisfaisantes, ont comblé ses attentes, l'ont rassuré. Alors là, fort des choses agréables qu'il a mises en lui, il peut s'éloigner sans trop d'inquiétude de sa mère. Il a son image en lui, ses traces en lui. C'est avec ce bagage intérieur très sécurisant, acquis dans la toute petite enfance, que tout être humain peut faire rempart toute sa vie durant à d'éventuelles angoisses d'abandon.

Si ce processus s'est bien déroulé à l'origine, il n'y pas de raison pour que les angoisses d'abandon soient réactivées, même par un divorce. À condition bien sûr de veiller à certains points clés, comme la régularité des visites. Le meilleur antidote contre l'angoisse d'abandon, c'est de constater qu'on laisse une trace indélébile dans l'esprit de l'autre et la forme matérielle que prend le plus souvent cette trace, c'est le respect du rythme des rencontres. Prenons l'exemple des visites chez le père. Tant que cette rythmicité est maintenue, l'enfant ne craint pas, en principe, que son père le laisse. Tant que le père se manifeste, au moins par des lettres et des coups de fil s'il ne peut être présent physiquement, tant qu'il tient parole et vient quand il l'avait promis, au jour et à l'heure, l'enfant ne se sent pas abandonné. Il sait qu'il est présent dans la pensée de son père. Assez pour le rassurer.

□ Le cas de Maurice Berger : Julie

Julie, 6 ans, est très inquiète parce qu'« elle ne va plus être à la Sécurité sociale », phrase qu'elle répète à de nombreuses reprises. Son père, M. T., tente de la rassurer en lui expliquant que durant l'année qui suit le divorce, elle dépend toujours de sa caisse de Sécurité sociale, comme l'indique la loi, et qu'après il fera en sorte que cela continue. À force d'explications, il parvient à rassurer sa fille, tout en étant intrigué par l'existence d'une telle préoccupation chez une enfant si jeune.

Ce qui apparaît alors, c'est que ce souci est celui de Mme T., qui est très angoissée par la séparation d'avec son mari. Pourtant, tous deux étaient d'accord pour divorcer, il n'y a pas vraiment eu de conflit, mais maintenant que la séparation est effective, Mme T. se sent peu capable de faire face seule à l'existence, malgré une pension alimentaire conséquente versée par son ex-mari. Elle ne peut contenir ses angoisses irrationnelles et les déverse sur sa fille : « Nous ne serons plus à la Sécurité sociale », répète-t-elle. On peut imaginer que le mot le plus important pour elle, dans cette phrase, est « sécurité », qui renvoie à l'important sentiment d'insécurité qu'elle éprouve face à la solitude.

5

J'ai honte

Certains enfants cachent à leurs copains que leurs parents sont divorcés. En tout cas, ils n'en sont pas très fiers. Cette réaction peut étonner à l'heure où la situation des couples séparés ou recomposés est devenue courante. Notre hypothèse : cette honte-là ne prend pas ses racines dans une quelconque réprobation sociale mais très profondément dans l'intime.

Pendant longtemps, le divorce a été socialement marqué du sceau d'une certaine infamie. Les divorcés étaient considérés comme des gens de mauvaise vie, se mettant en « chasse » d'un nouveau partenaire et donc potentiellement dangereux pour les couples bien installés. Dans certains milieux, on ne recevait d'ailleurs pas les divorcés réputés aux mœurs faciles.

Aujourd'hui, ces jugements de valeur n'ont pratiquement plus droit de cité : le divorce est socialement et culturellement admis. On s'en rend compte au travers de nombreuses productions littéraires ou cinématographiques, où les familles recomposées sont présentées comme complètement « normales », avec vrais et faux demi-frères et demi-sœurs à la clé.

En un mot, il y a assez peu de raisons pour qu'un enfant nourrisse une quelconque honte d'être issu d'une famille dont les parents se sont séparés. Il ne sera certainement pas le seul concerné par cette situation dans sa classe ou son club de sport. Et pourtant, nombreux sont les enfants du divorce qui considèrent la séparation de leurs parents comme un sujet tabou dont ils n'ont pas envie de parler à l'extérieur de chez eux. Certains vont même jusqu'à le cacher, ou du moins à le taire. Et s'ils l'avouent, c'est en grand secret, sur le ton de la confidence, à leur meilleur copain...

Touché dans son intimité

Peut-on parler d'une forme de honte qui ne serait pas sociale mais beaucoup plus intime ? Pour répondre à cette question, tentons d'abord de définir le sentiment de honte. Quand on veut humilier quelqu'un, on cherche une insulte qui touche à son identité même, à la substance de son être c'est-à-dire à ses origines. « Tu n'es qu'un Juif, ou un Arabe, ou un fils de pute ! » Peu de choses se veulent plus violentes qu'une telle sentence. On est bien loin de la simple sensation de ridicule : on est dans la négation et la dévalorisation absolues de ce qui fait l'essence d'une personne.

Or un divorce atteint un enfant au cœur même de son identité : le couple qui est à l'origine de sa naissance, qui lui a permis d'exister et de se construire, a volé en éclats. Comme nous l'avons constaté, l'enfant existe par et à travers sa famille. C'est parce que son père et sa mère le reconnaissent comme appartenant à leur groupe, qu'ils l'intègrent comme un membre identique à eux, que l'enfant peut petit à petit construire sa propre identité. Une fois le couple parental éclaté, c'est donc cet « échafaudage identitaire » qui est sapé... et surtout entaché. Un peu comme si les origines de l'enfant étaient désormais marquées, salies et donc honteuses.

Ce sentiment de honte, plus ou moins diffus, se manifeste essentiellement entre 5 et 13 ans. À cette période de la vie, les copains prennent une place non négligeable. Ce groupe extérieur devient une sorte de contrepoids aux inévitables tensions familiales, permet à l'enfant de relativiser l'importance qu'il accordait à ses parents dans son esprit, de se sentir plus libre par rapport aux valeurs familiales, de trouver un certain équilibre. À la maison, ma mère veut que je sois poli et bien élevé, mais dans mon groupe de copains je peux me permettre des tas de choses, y compris de dire des grossièretés ! À la maison, mes parents me surprotègent, mais dans mon groupe de copains je peux prendre certains risques.

À côté de la famille, les copains deviennent donc un deuxième lieu d'appartenance et d'émancipation... mais aussi de honte potentielle. Car l'avis des amis compte plus que tout. Un élève qui n'a pas de bonnes notes à l'école ne redoute pas seulement les réprimandes de ses parents mais aussi le jugement de ses pairs : pour rien au monde il ne veut être catalogué comme le nul de la classe, le bon à rien. Ce serait la honte !

À ses yeux, le divorce peut apparaître comme un événement qui fait que sa famille n'est plus présentable aux copains. Peut-être a-t-il l'impression qu'au travers de ce divorce, sont mises sur la place publique toutes les disputes qui ont précédé la séparation. Un peu comme si son intimité (en l'occurrence peu prestigieuse) était livrée en pâture. Alors qu'un enfant aime en général bien inviter des amis chez lui, montrer sa maison et ses affaires, il a subitement l'impression que son « chez lui » n'est pas très reluisant : ici on s'est disputé, ici ses parents ne se sont plus aimés. Avouer que ses parents sont divorcés, c'est ouvrir à ses copains la scène du conflit familial, reconnaître qu'il évolue dans un milieu où quelque chose ne tourne pas tout à fait rond.

Même si le divorce n'est pas un événement discriminant sur le plan social, il peut le devenir sur le plan individuel et inconscient dans le psychisme d'un enfant. Répétons-le : cette problématique vaut essentiellement pour les enfants de plus de 5 ans et de moins de 14 ans. Avant 5 ans, l'appartenance à un groupe de copains organisé et prépondérant n'existe pas vraiment. À l'adolescence, de nombreux jeunes (pas tous) ont acquis un certain recul par rapport aux « histoires » de leurs parents. Cette relative distance, cette moindre dépendance, les protège sans doute de ressentir de la honte. Citons enfin certains enfants qui fanfaronnent, paraissant à dix lieues de toute honte : « Moi, c'est super, j'ai deux chambres et j'ai deux fois plus de cadeaux à Noël depuis que mes parents sont divorcés ! » On peut se demander si cette attitude n'est pas qu'une façade, une façon de nier ce qui leur fait mal, ce qui les blesse...

Honte du divorce, pas de ses parents

Sentir son enfant honteux, gêné par sa situation familiale, peut se révéler douloureux pour les parents. Notre enfant a honte de nous... De là à se demander si derrière cette honte ne se profile pas un jugement, il n'y a qu'un pas. Et si notre enfant nous trouvait nuls, incapables d'avoir réussi à maintenir notre couple soudé ? Autant de questions que l'enfant ne se pose apparemment pas. Ce n'est pas de ses parents qu'il a honte, mais de l'événement divorce. Il est d'ailleurs rare de rencontrer des enfants qui émettent un jugement très critique sur leurs géniteurs, même quand ceux-ci sont alcooliques ou délirants...

En revanche, il peut arriver qu'un enfant se juge lui-même très durement. C'est souvent le cas de l'enfant unique ou aîné. Il peut avoir le sentiment que c'est lui qui a fait passer ses parents du statut de couple sans enfant à celui de couple avec un enfant. Il a ainsi pu nourrir l'illusion que, d'une certaine manière, c'est lui qui a créé le couple parental. Ces derniers s'étaient unis avec le projet de le faire, lui. Il est donc particulièrement touché par leur séparation, comme s'il n'avait pas été assez bon enfant pour garder ses parents réunis. De quoi se sentir « mauvais » et honteux... On peut remarquer que c'est fréquemment l'aîné de la fratrie, celui qui, par sa position, a été le plus pris dans cette illusion, qui présente la souffrance la plus importante à l'occasion du divorce.

On l'a dit, la honte est un sentiment d'une grande violence : pire encore que la culpabilité, elle enferme, car malheureusement, elle ne se partage pas, elle a quelque chose de profondément individuel. Et ce n'est pas parce de nombreux enfants, dans nos sociétés modernes, nourrissent la même honte face au divorce de leurs parents qu'elle en sera moins lourde à porter pour chacun d'eux.

Le « traitement » social de la honte, même si sa cause n'est pas sociale, peut être un processus palliatif. Ainsi, dans un autre domaine, la reconnaissance au grand jour de l'état de femme battue avec la mise à disposition d'un numéro de téléphone anonyme, affiché dans divers lieux publics, constitue, dans certaines limites, un traitement social de l'humiliation des femmes frappées par leur compagnon.

Mais ce traitement social de la honte due au divorce n'existe pas[1]... Est-ce à dire qu'un enfant de divorcés est condamné à rester seul face à sa honte ? Non. Peut-être aura-t-il la chance de trouver dans son entourage des adultes (enseignants, amis de la famille, etc.) auprès de qui il pourra « vider son sac », raconter son humiliation et qui l'entendront.

1. Il existe en Allemagne des groupes pour enfants de parents divorcés. Nous ignorons comment ils fonctionnent et s'ils sont réellement utiles.

Il sera reconnu dans son statut de « victime », une autre personne aura accepté d'être témoin, au sens fort du terme, de ce qu'il ressent, et le fait d'avoir pu partager ce sentiment pourra l'aider à se sentir moins seul face à son vécu intime.

□ Le cas de Maurice Berger : Théo

Situation étrange : je reçois Théo, 10 ans, toutes les semaines en psychothérapie depuis trois ans, et aujourd'hui, peu après le début de la séance, il me dit, très gêné, à voix basse, qu'il va me confier un secret. Il m'annonce alors que ses parents sont divorcés. Je lui réponds que je le savais puisque sa mère m'en avait parlé devant lui à plusieurs reprises lors de nos premières rencontres.

En effet, Mme H. était venue en consultation avec son fils suite aux angoisses qu'il éprouvait après la séparation de ses parents. Nous avions longuement évoqué les circonstances de cette rupture. Théo gardait l'espoir que ses parents se remettraient à vivre ensemble, si seulement sa mère acceptait que son père fréquente d'autres femmes. Et il apparaît maintenant que cet enfant a effacé toute cette période où nous évoquions directement la séparation. Il a tellement honte de cet événement qu'il tente de le garder secret. Le déni ne porte pas sur la séparation elle-même, à la différence de ce qui se passe pour Charles (voir chapitre 2), mais sur le fait que la situation de divorce est publique, exposée aux yeux des autres, ce qui lui est insupportable.

6

Je suis en colère

Même s'ils ne l'expriment pas directement, certains enfants sont très en colère au moment du divorce de leurs parents. Cela n'est pas forcément une mauvaise chose. Ce sentiment peut être une étape avant l'acceptation. À condition d'être entendu et canalisé par les limites nécessaires.

« Vous êtes trop nuls d'avoir divorcé ! », « De toute façon, je vous déteste ! » Le jour où votre enfant vous jette ces phrases assassines à la figure, vous percevez toute la dimension de sa rage... En réalité, ce sont plutôt les jeunes enfants qui se laissent aller à exprimer leur colère de manière aussi explicite contre leurs parents. Les plus grands ont davantage tendance à la garder en eux ou à la laisser sortir de façon indirecte. Ils sentent bien que la situation est déjà suffisamment tendue pour ne pas prendre le risque de rajouter de l'huile sur le feu ! Alors ils utilisent des moyens détournés : certains peuvent, par exemple, devenir particulièrement agressifs à l'école ou avec leur entourage.

Saine colère

Mais pourquoi un tel courroux ? Tout simplement parce qu'ils en veulent à leurs parents de les empêcher de grandir tranquillement et avec une certaine insouciance, d'avoir empiété sur leur territoire enfantin avec leurs histoires d'adultes, de leur imposer une vie compliquée où ils doivent désormais se trimballer d'un endroit à un autre. Trop, c'est trop !

Cette colère n'est pas toujours facile à supporter. Le parent la vit souvent avec un certain sentiment d'injustice. Eux aussi, les adultes, ils se seraient peut-être bien passés de ce divorce qui les fait souffrir et leur cause de multiples problèmes. Alors essuyer en plus la colère de leurs enfants n'est pas chose facile... Pourtant, il faut bien y faire face.

Oui, mais comment ? D'abord en se disant qu'elle n'est pas forcément alarmante. La colère peut être une émotion saine. Face aux pertes que les adultes lui infligent et qu'il ne peut que subir – notamment du couple des parents et du groupe familial –, l'enfant, par sa colère, proteste activement, même s'il sait qu'il n'a pas les moyens de changer la situation.

Entre indulgence et limites

Si la colère peut s'avérer justifiée, voire constructive, la violence, elle, est hautement destructrice. Il importe donc de distinguer l'une de l'autre. Dans la violence, l'enfant ne se contentera pas seulement de refuser ce qui le fait souffrir, d'exprimer son mécontentement, mais s'attaquera à l'autre, cherchera à le blesser physiquement ou moralement. Pour contenir cette escalade et ce dérapage, un enfant a besoin d'être reconnu dans sa révolte. Une attitude qui ne va pas forcément de soi car on a souvent beaucoup de mal à affronter une colère : elle met mal à l'aise et on voudrait la gommer, la nier, l'ignorer. Or c'est le contraire qu'il faut faire : mieux vaut la regarder en face, l'écouter, la prendre en compte. Dire à son enfant : « Je vois bien que tu es en colère contre moi à cause du divorce » peut déjà apporter un début d'apaisement.

Si d'autres questions plus précises surviennent, il faut y répondre dans la limite de ce que l'on veut dire et de ce que l'enfant peut comprendre. Ainsi, si un enfant demande : « Pourquoi tu es méchant, pourquoi tu ne veux plus vivre avec maman ? », on peut lui répondre : « C'est vrai que je n'aime plus ta mère, que j'ai décidé de vivre avec quelqu'un d'autre, et je vois bien que cela complique ta vie, j'en suis désolé pour toi. »

Mais la réciproque n'est pas vraie. Du côté des parents, il ne faut pas attendre de réponses, chercher absolument à avoir des explications de la part de son enfant. Les questions intrusives du type : « Mais pourquoi est-ce que tu es en colère ? » sont en effet à manier avec prudence. Il arrive que certains enfants n'osent exprimer leur colère qu'en présence d'un psychologue, et certains parents réagissent alors en annonçant qu'ils vont questionner leur rejeton le soir même jusqu'à connaître toutes les raisons de son mécontentement. L'attitude qui consiste à traquer son enfant pour l'obliger à exprimer ce qu'il ressent ne l'aide pas du tout, au contraire. Dans toutes circonstances, un enfant a le droit de garder un espace de pensée personnelle que les parents doivent respecter. Bien sûr, cela les rassurerait sans doute de parler avec leur enfant, peut-être pour obtenir son absolution ou encore pour mieux cerner son mal-être. On peut affirmer qu'une telle démarche, si elle est trop insistante, est non seulement vouée à l'échec – l'enfant dira n'importe quoi pour se débarrasser des questions –, mais de plus nocive. L'intimité est un bien précieux auquel tout le monde a droit. Un parent n'a pas à tout savoir de son enfant. Un enfant a le droit d'avoir des secrets pour ses parents.

Face à une colère « normale », sans violence, on peut faire preuve d'un peu d'indulgence. Avec le temps et l'acceptation relative du divorce, ce genre de manifestations va s'estomper. Pourtant, cela ne veut pas dire qu'il faut renoncer à tout principe éducatif durant cette période. Ce n'est pas parce qu'un enfant traverse une phase difficile qu'il peut tout casser, insulter ses parents, les frapper. Reconnaître qu'il est lésé et a le droit d'être en colère ne lui donne justement pas tous les droits. Tout en étant un peu plus souple que d'habitude, on doit quand même maintenir ses positions éducatives. Un enfant qui ne rencontre pas d'interdits est vite angoissé lorsqu'il constate que rien n'est là pour arrêter la violence qu'il sent monter en lui. Un enfant qu'on laisse seul face à sa colère et ses pulsions est en danger. Même si on a l'impression que ce n'est pas le moment idéal pour faire preuve d'autorité, se montrer ferme est cependant un service qu'on lui rend.

Les raisons de la colère

Il arrive aussi que l'on soit directement responsable de la colère de son enfant... Une situation, tout particulièrement, provoque une rancune profonde chez l'enfant : quand l'un des parents a exercé des violences physiques sur l'autre, même s'il n'a jamais touché à un cheveu de son enfant. L'impact d'une telle scène est d'autant plus durable que le parent brutalisé en reparle fréquemment avec l'enfant et se désigne à ses yeux comme une victime.

Autre circonstance qui peut déclencher la rancœur d'un enfant : lorsque l'un des parents ne prend pas la peine de lui présenter sa nouvelle compagne ou son nouveau compagnon et le met devant le fait accompli. « Papa m'avait dit qu'on allait voir une copine. Et en fait, ils se sont pris par la main. C'était pas une copine, c'était son amoureuse. C'est un menteur, je ne veux plus le voir ! » La colère de ce petit garçon de 5 ans témoigne bien de l'effet dévastateur qu'a eu la maladresse de son père.

Ce dernier aurait dû prendre son temps, commencer par parler de son amie de temps en temps à son fils, le laisser s'habituer à cette idée avant de lui présenter cette personne. L'enfant aurait ainsi eu le délai nécessaire pour se formuler dans sa tête quelques-uns des problèmes que cette nouvelle venue allait causer dans sa vie : comment sa maman allait-elle le prendre ? comment allait-il s'entendre avec cette nouvelle personne ? n'allait-elle pas lui voler son papa ? Au lieu de ça, pris de cours et par surprise, il n'a d'autre choix que la colère et le rejet en bloc...

L'absence d'explication quant aux circonstances du divorce est également propice à la colère de l'enfant. Tout comme il cherche à s'imaginer la scène primitive de sa création – comment ses parents se sont rencontrés, à quel endroit, comment ils étaient amoureux l'un de l'autre –, tout enfant se « fait aussi son film » sur la séparation. Il a beaucoup de mal à croire que l'amour s'est effiloché au fil du temps, que les sentiments se sont détériorés petit à petit. Pour lui, souvent, il y a eu *la* scène du divorce.

Et il peut parfaitement ressentir une sourde colère s'il a l'impression qu'on ne lui dit rien sur les causes de la séparation, qu'on le tient à l'écart d'un sujet qui le concerne directement. Comme cette petite fille de 7 ans qui pressait son père de questions, le suppliant de lui raconter le divorce : « Mais alors, c'était la nuit, le divorce ? Comment ça s'est passé ? » Elle pensait qu'on lui cachait quelque chose alors que les deux parents avaient tout simplement pris leurs distances, sans cris, sans drame...

Même si on ne peut empêcher l'enfant de se forger sa propre théorie du divorce – à laquelle on n'aura que rarement accès –, on peut éviter de le laisser sans réponse à ses questions et donc de provoquer sa colère. Non, il n'est pas trop petit. Non, on ne lui expliquera pas plus tard. Quel que soit l'âge de l'enfant, il est toujours possible de trouver des explications appropriées, même sommaires. Elles auront au moins le mérite de limiter un peu les fantasmes...

Houleux retour

Attention enfin à ne pas prendre pour de la colère ce qui n'en est pas... Beaucoup de parents se plaignent du comportement de leur enfant au moment où il revient de chez l'autre parent. Il se montre irascible, désagréable, désobéissant. On a alors vite fait d'avancer des hypothèses parfois un peu réductrices. Son père (ou sa mère) n'est pas assez sévère, il a pris de mauvaises habitudes chez lui (ou chez elle). Son père (ou sa mère) est trop sévère, il se défoule chez moi.

Tous ces raisonnements peuvent en partie être vrais. Mais nous pensons que cette réaction d'agressivité au retour de chez l'autre parent témoigne davantage de la situation de tiraillement dans laquelle se trouve l'enfant. On observe ce genre de comportement chaque fois qu'un enfant est confronté à deux objets d'attachement qui ne peuvent être unis : il aime deux personnes qui ne s'aiment pas entre elles. Cela crée une tension qui peut être prise pour de la colère.

Il en est de même chez les enfants élevés par une famille d'accueil mais qui continuent à voir leur famille biologique. Tout passage d'une famille à l'autre, même s'il n'y a pas de conflit entre elles, met l'enfant mal à l'aise, parce que ce moment réveille des sentiments de tiraillement entre ses deux objets d'attachement. Et cela ne veut pourtant pas dire qu'il se trouve mal dans sa famille d'accueil ou que voir ses vrais parents lui fait du mal.

Il se passe la même chose pour l'enfant de divorcés qui

doit passer d'un parent à l'autre. Son agressivité diffuse dans les heures qui suivent cet événement n'est donc pas forcément le signe d'un dysfonctionnement de l'autre parent. Le savoir peut nous garder de certaines déductions hâtives...

□ Le cas de Maurice Berger : Edgar

Edgar, 2 ans et demi, est amené par sa mère pour une agressivité constante et impressionnante. À peine entré dans mon bureau, il écrase fortement un pied de sa mère avec un tabouret et, au bout de quelques minutes, m'attaque avec un sourire sadique et de manière incessante. Lors d'un entretien ultérieur, il me vise même volontairement avec un objet qu'il me jette au visage. Cette violence pose des problèmes dès son entrée en maternelle. Elle est à son maximum lorsqu'il revient de chez son père. Il lui est arrivé de dire alors à sa mère : « Tu m'as laissé. » M. E. voulait absolument un enfant dès le mariage alors que sa femme, qui venait à peine de terminer ses études et de commencer à travailler, souhaitait un à deux ans pour elle et pour son couple. Sur la pression de son mari, elle accepte une grossesse et investit l'enfant avec plaisir dès sa naissance. Mais le couple cesse de s'entendre peu après, et M. E. quitte la maison lorsque Edgar a 17 mois. On est surpris par cette rapide dégradation de la relation dans un couple constitué depuis dix ans. D'après Mme E., son mari semble avoir mal supporté les contraintes liées à la présence d'un bébé.

Après la séparation, chaque week-end M. E. va avec son enfant chez sa propre mère, et il explique clairement qu'il souhaite un droit d'hébergement alterné pour que cette grand-mère puisse voir son petit-fils plus souvent, de manière à ce qu'il y ait un équilibre entre le temps de garde des deux grands-mères.

En l'attente d'un jugement, il se met alors à prendre l'enfant n'importe quand, allant le chercher chez la nourrice, si bien que la mère ne sait pas, lorsqu'elle le dépose le matin, si elle le reverra le soir. L'enfant est alors « pris » un week-end, ou même une semaine, le père ne permettant qu'un ou deux échanges téléphoniques pendant ce temps. Lorsque Edgar a 27 mois, son père l'emmène un mois entier en vacances l'été, ne le ramenant qu'une

heure par semaine auprès de son ex-femme, laquelle souffre de la situation mais ne sait pas comment agir, étant conseillée par un avocat peu tonique.
C'est alors qu'apparaît l'agressivité d'Edgar. De plus, à la maison, ses principaux jeux consistent à jouer au jeu de « coucou-caché » (jeu de disparition où il faut chercher et retrouver l'autre), ou à mettre sa mère en prison pour qu'elle ne s'échappe pas. Malgré plusieurs paroles assez adéquates de cette dernière sur la colère ou la tristesse que son enfant a pu ressentir dans cette situation, rien ne change.
Lorsque M. E. est reçu en consultation, il indique que son fils ne manifeste aucune agressivité chez lui. Pourtant, Edgar se montre difficile au cours de la consultation, et M. E. explique qu'il « contrôle » son fils en réagissant par une rétorsion immédiate, qui peut aller jusqu'à de très fortes fessées. Cela n'empêche pas Edgar de taper parfois brusquement les autres membres de la famille paternelle. Ce que M. E. reproche le plus à son épouse, c'est de ne pas être maternelle, « parce qu'elle ne voulait pas avoir d'enfant ». Il ajoute qu'une autre raison pour laquelle il demande une garde alternée est le fait que pour lui les rôles du père et de la mère sont strictement identiques et aussi importants, même pour un enfant tout petit.
Il faut préciser que pendant les très nombreuses consultations où Edgar fut reçu avec sa mère, je n'ai jamais trouvé de la part de cette dernière de faille dans l'investissement qu'elle avait de son enfant et dans ses attitudes éducatives. Le reproche de M. E. concernant la difficulté de son ex-épouse à être maternelle m'est apparu infondé, d'autant plus que Mme E. a arrêté son travail pendant un an pour s'occuper de son bébé.
La colère d'Edgar diminue chaque fois au bout d'une semaine passée chez Mme E., lorsque l'effet de l'« absence » maternelle diminue. La fureur de cet enfant est telle qu'elle me semble impossible à traiter sans un aménagement de la réalité. J'écris donc au juge des Affaires familiales, en lui exposant mes raisons cliniques et sans prendre parti pour l'un ou l'autre des parents, afin de lui demander que les grandes vacances soient fractionnées pour que la durée de l'absence maternelle soit moins importante, et en indiquant qu'il est souhaitable qu'Edgar puisse téléphoner à sa

mère pendant le temps où il est chez son père et réciproquement. Le juge accepte cette demande et envoie un courrier en ce sens aux deux parents.
Les séances de psychothérapie sont très difficiles, en particulier parce qu'Edgar ne fait qu'agir, ayant beaucoup de difficultés à exprimer autrement ce qu'il ressent. Chez lui, il passe beaucoup de temps à taper sur une peluche dont il dit qu'elle est un bébé méchant, ce qui correspond à l'image qu'il a de lui.
La vie psychique d'Edgar est compliquée. En effet, tout enfant de son âge a des mouvements agressifs vis-à-vis de sa mère (et de son père), ce qui est une manière de manifester son besoin d'autonomie. On dit à ce moment que les enfants « ont du caractère ». Mais dans un tel contexte, d'autres facteurs sont en jeu. Edgar a des raisons « objectives » d'être en colère dans la mesure où il n'a pas encore les moyens de comprendre que si sa mère n'est pas aussi constante dans sa présence qu'il le souhaiterait, elle n'y est pour rien. De plus, lorsqu'il est violent contre sa mère, il se sent devenir comme son père qui critique fortement Mme E. En même temps, il a le sentiment que la relation avec sa mère a une certaine fragilité puisqu'il a de manière répétitive l'impression de la perdre. Il la perd aussi lorsqu'il va chez M. E. puisqu'elle n'existe pratiquement pas en tant que mère pour cet homme. Petit à petit, il pourra dire qu'il n'aime pas quand son père dit du mal de sa mère. Il demandera même à ce dernier : « Pourquoi n'aimes-tu plus maman ? »
Au prix d'une psychothérapie longue et épuisante, demandant une attention de toutes les secondes pour éviter qu'Edgar n'attaque ses propres idées ou le lien qu'il a avec le thérapeute, cette colère diminuera. Cet enfant peut actuellement s'amuser avec des camarades pendant plusieurs heures, ce qui était impossible auparavant. Il n'attaque plus sa mère, a récupéré une capacité de jouer seul et avec ses pensées.

7

Je suis perdu

Au moment du divorce, l'enfant perd la possibilité de faire jouer les identifications et les désirs qu'il éprouve à l'égard de ses deux parents. Il se trouve alors privé d'un cadre serein et rassurant où il pourrait laisser libre cours à ses pulsions, notamment œdipiennes.

Pour tout enfant, le couple parental constitue un précieux « terrain de jeux ». Les grandes phases de développement psychologique par lesquelles il va passer nécessitent qu'il puisse réaliser certaines expériences, en pensée ou en réalité, avec son entourage. Ces dernières sont rendues possibles, ou au moins facilitées, par la présence des deux parents ensemble. Quand le couple éclate, l'enfant perd en partie ce cadre qui lui permettait de mener à bien ses expérimentations... Pour mieux comprendre l'utilité de ce cadre parental, attardons-nous un peu sur quelques moments importants de la vie psychique durant l'enfance.

De l'œdipe à la latence

Parlons d'abord de la fameuse période œdipienne qui se déroule environ de 3 à 6 ans, grande époque des mouvements pulsionnels et des renoncements. L'enfant est alors animé de désirs fortement contradictoires. D'un côté, il souhaiterait avoir son parent du sexe opposé pour lui tout seul, et du même coup éliminer purement et simplement celui du même sexe. Mais d'un autre côté, il ne veut pas vraiment perdre ce parent « rival » et a besoin d'être aimé de lui. D'un côté, il voudrait détruire ce couple qui fait des « choses » dont il est exclu, qu'il n'a pas le droit de partager. Mais d'un autre côté, rien ne le ravit plus que d'avoir ses deux parents qui s'occupent ensemble de lui, par exemple le tenant chacun par un bras et le soulevant dans les airs...

Pour gérer ses sentiments antinomiques, il dispose heureusement d'un outil fort efficace, qui s'organise au fil des années : le surmoi. On le voit souvent comme une espèce de censeur. En réalité, il tient davantage du régulateur. Il aide l'enfant à faire la différence entre ce qu'il a le droit de penser et ce qu'il n'a pas le droit de faire, entre ce qu'il a le droit de penser et ce qu'il n'a pas le droit de dire tout haut. Si son surmoi « fonctionne » bien, un enfant ne s'interdira ni ne se permettra tout : après tout, j'ai bien le droit de souhaiter que mon père meure pour lui prendre sa place mais je n'ai pas le droit d'essayer de lui faire du mal pour m'en débarrasser « pour de vrai ». J'ai aussi le droit de penser qu'il est un con, mais je n'ai pas le droit de le dire tout haut car un enfant ne doit pas insulter ainsi un parent.

Puis vers 6-7 ans, l'enfant entre normalement en période de latence. Ce terme est d'ailleurs assez mal choisi car les pulsions n'existent pas moins qu'auparavant et les interrogations sexuelles ne sont pas moins présentes. Mais à cet âge, elles se détachent du milieu familial et se tournent vers d'autres objets extérieurs. C'est entre copains qu'est partagée la curiosité sexuelle. Dans le même mouvement, l'enfant va plutôt essayer de conquérir le monde que l'un ou l'autre de ses parents. Il réalise qu'il peut grandir autrement qu'en prenant la place de son père ou de sa mère. Il apprend aussi à renoncer à la satisfaction immédiate de ses désirs et pulsions, préférant avoir des projets, s'imaginer l'avenir.

□ Le cas de Maurice Berger : Chiara

Chiara, 4 ans, dont les parents ont divorcé il y a un an et demi, m'est ramenée en consultation par sa mère parce que depuis quelque temps, lorsqu'elle passe un week-end chez son père, elle téléphone à Mme V. pour lui demander : « Ça va, maman ? » Elle explique qu'elle a peur que sa mère ne l'aime plus. De plus, elle se réveille la nuit et a besoin que sa mère soit à côté d'elle pour se rendormir. Dans le jeu qu'elle réalise devant moi avec des personnages, dans une famille, la petite fille se met dans le lit à la place de sa mère. Cette dernière surgit immédiatement en étant en colère. La petite fille essaie de se mettre entre ses parents, puis s'installe à califourchon sur le père. En même temps, elle exprime de la culpabilité en disant que ce qu'elle fait n'est pas bien.

On peut penser qu'on se trouve face à une problématique œdipienne assez typique : si Chiara téléphone à sa mère, c'est parce qu'elle se sent coupable de ses désirs de prendre sa place lorsqu'elle va chez son père. Et il en est de même lorsque, depuis quelque temps, elle montre ostensiblement à sa mère qu'elle n'a pas envie d'aller chez son père au moment où ce dernier vient la chercher. Elle cache ainsi le plaisir qu'elle éprouve à être seule avec lui. Mais les choses ne sont pas si simples.

Tout d'abord, peu après la séparation survenue lorsque Chiara avait 2 ans et demi, M. V. est parti quinze jours en vacances avec sa fille sans en prévenir Mme V., et il a couché nu avec elle toutes les nuits, car « le contact avec sa fille lui manquait ». Il continue actuellement : il fréquente une amie, et chaque fois que cette dernière ne dort pas chez lui, Chiara vient dans son lit. M. V., qui présente une grande rigidité de raisonnement, est sourd à mes tentatives pour lui expliquer que, par cette attitude, il complique les mouvements affectifs de sa fille.

Il faut ajouter à cela que, dès la séparation de ses parents, Chiara a présenté une constipation volontaire qui a duré plusieurs mois et qui a motivé la première consultation. Elle se retenait d'aller aux toilettes pendant des jours entiers. Les raisons de ce symptôme étaient assez confuses. Peut-être Chiara exprimait-elle ainsi son refus de toute séparation, de toute perte, en refusant de se séparer d'une partie d'elle-même ? Peut-être était-ce en lien avec le fait qu'elle pensait encore, comme elle l'avait alors expliqué, que les bébés naissaient par le derrière ? Au bout d'une dizaine de consultations, ce symptôme avait disparu.

Enfin, à cette époque, l'institutrice m'avait contacté pour me faire part de son inquiétude : Chiara était vite angoissée, en particulier dès que l'enseignante élevait un peu la voix. Il était alors apparu que les parents se disputaient verbalement chaque fois que l'un d'eux venait chercher Chiara chez l'autre, et ils entretenaient une conflictualité permanente à propos des jours et des horaires de visites. Au cours des consultations, Mme V. avait fait preuve d'un entêtement et d'une surdité totale par rapport à ma proposition d'introduire un tiers, une assistante sociale de notre service. Dans d'autres situations semblables, la présence d'un tel tiers avait permis que les enfants concernés sachent au moins précisément quel week-end et quel temps de vacances ils passaient chez chaque parent.

Il est probable qu'étant donné la personnalité de ses parents, Chiara aurait eu quelques difficultés à « gérer » ses sentiments œdipiens même si M. et Mme V. ne s'étaient pas séparés. Mais le fait que le couple n'ait pas divorcé aurait probablement fourni un certain contrepoids à ses désirs de petite fille. C'est l'attitude du père après le divorce qui donne un poids de réalité angoissant aux fantasmes de cette enfant : elle couche avec son père nu à la place de sa mère et de sa nouvelle compagne. Il ne suffit donc pas qu'un couple se sépare pour qu'un enfant pense qu'il peut prendre la place du parent absent, il faut aussi une certaine pathologie parentale pour que cela soit source de symptômes chez l'enfant.

Terrain miné

Autant pour organiser son surmoi et canaliser ses pulsions œdipiennes, que pour réussir un peu plus tard son entrée dans un mode de pensée où la représentation des désirs remplace leur réalisation, un enfant a besoin de préférence d'un couple uni et stable comme « terrain d'entraînement ». Mais pourquoi donc ? En quoi le divorce gêne-t-il toutes ces expérimentations psychologiques indispensables ? En cas de séparation, tout devient plus compliqué et surtout plus risqué...

Il arrive à tous les enfants de dire à leur mère qu'ils préfèrent jouer avec leur père, ou au père que leur mère est plus gentille que lui. À d'autres moments, ils essayent de tester la solidité du lien qui existe entre les parents en demandant la même chose interdite aux deux, pour tenter de faire émerger une contradiction et pourquoi pas une dispute. On est là face à des jeux œdipiens, quotidiens, banals.

Pourtant, ils ne peuvent se dérouler sereinement que si le couple est uni. Si les parents sont divorcés, dire à l'un : « Je préfère être avec l'autre » peut prendre soudain un poids de réalité et même déclencher un conflit. L'enfant s'entendra peut-être répondre : « Eh bien, vas-y chez ton père, quel ingrat tu es, avec tout ce que je fais pour toi, et ton père qui ne paye même pas la pension... » Ce qui n'était qu'une pensée de l'enfant devient subitement une réalité violente et cruelle. L'enfant pourra alors s'interdire de lui même ces jeux symboliques pour ne pas risquer de déclencher une catastrophe, dans un contexte d'une telle fragilité. Alors qu'il mobilise une énergie considérable pour essayer de ressouder ses parents, comment pourrait-il en même temps attaquer le couple ? Trop dangereux...

Parfois, ce sont les parents eux-mêmes qui entravent les jeux œdipiens après un divorce. Tel père qui chahutait volontiers avant la séparation avec sa petite fille de 4 ou 5 ans, avec ce que cela comporte de proximité physique, pourra préférer y renoncer. La présence de sa femme dans la pièce d'à côté suffisait à « désexualiser » ces parties de chatouilles. Aujourd'hui, aucun tiers ne vient plus tranquilliser les partenaires, leur garantir que ce jeu n'est qu'un jeu d'enfant et pas un jeu sexuel. Même chose pour une maman qui s'autorisait d'énormes câlins avec son petit garçon, sachant que son mari allait rentrer du travail, occuper sa place dans le lit conjugal. Désormais, elle aura peut-être tendance à s'imposer une certaine distance, n'ayant plus personne pour jouer les garde-fous et maintenir son fils à sa vraie place de petit garçon. Tout s'effectue alors avec de la retenue, des arrière-pensées. Quelque chose est gâché...

Feu d'artifice !

Si le divorce gêne le bon déroulement des scénarios œdipiens, il peut tout aussi bien les exacerber. Pour certains enfants, le divorce leur donne l'occasion de vivre leurs pensées dans la réalité. Ce qui n'est évidemment pas l'idéal. Et il n'est pas rare de voir telle petite fille se mettre à jouer la ménagère quand elle est chez son père, à faire la vaisselle, à vouloir se charger de la cuisine et du repassage, comme elle voyait sa maman le faire. Elle s'impose en « petite femme » de la maison. Même combat pour le petit garçon qui reprend le flambeau du bricolage ou de l'entretien de la voiture auprès de sa maman après le départ de son père.

Ces enfants-là tentent leur chance, essayent de transposer dans la sphère du réel ce qui jusqu'à présent n'était que de l'ordre du fantasme. Ce qui les remplit d'ailleurs de culpabilité et induit chez eux un profond malaise. Comme ce petit garçon qui venait chaque nuit dormir dans le lit de sa maman divorcée en lui répétant qu'il l'aimait. Au départ, cette mère ne s'est pas inquiétée du comportement de son fils, jusqu'à ce qu'il aille de plus en plus mal. Un jour, il lui raconta un rêve : il était redevenu tout petit, il était dans les bras de sa mère qui ne lui faisait plus de bisous, un loup se rapprochait pour l'attaquer...

On peut interpréter ce rêve de la façon suivante. Ce petit garçon, qui s'octroie une espèce de « super-luxe » œdipien en prenant la place du père dans le lit de la mère, ressent une crainte profonde face aux mesures de rétorsion que cela pourrait entraîner, notamment de la part du père. Crainte matérialisée par le loup qui risque de le dévorer. Mais l'enfant a trouvé sa parade à lui : redevenir tout bébé. Le loup n'a pas de raison d'être jaloux de lui puisqu'il n'est qu'un tout petit bébé qui couche avec sa mère et cette dernière ne lui fait même pas de bisous !

Évidemment, mieux vaut éviter de laisser un enfant franchir cette frontière du réel. Pour qu'il en reste au stade des pensées, il importe de le remettre à sa place chaque fois qu'il semble vouloir en sortir. Face, par exemple, à un enfant qui veut systématiquement dormir avec son parent du sexe opposé, il faut tenir bon et lui répéter sans faiblir que cela n'est pas sa place. Même s'il ne semble pas vouloir l'entendre et si cela le blesse.

Mais il n'est pas nécessaire pour autant de s'interdire toute proximité physique par peur des dérapages. Bannir les contacts corporels, c'est forcément les sexualiser. Comme si l'adulte redoutait que l'enfant puisse réellement prendre la place de l'autre parent. Quelques câlins tous les deux le soir avant de dormir, oui... mais ensuite, chacun chez soi !

Et plus tard ?

Quelles peuvent être les conséquences à long terme de l'absence ou du mauvais déroulement de ces jeux psychiques ? À vrai dire, on n'en sait rien, si ce n'est que certains enfants ressentent probablement un manque à ce niveau.

Prenons maintenant le problème à l'envers. On dit que les jeux œdipiens aident à l'élaboration de l'identité sexuée. Peut-on en déduire qu'il y aura plus tard un défaut de construction ? Ces enfants privés de certaines expérimentations vont-ils avoir du mal à s'installer dans leur sexualité féminine ou masculine, du fait du divorce de leurs parents ? Rien ne permet de l'affirmer.

Dans l'immédiat, dans l'instant, il est vrai que la séparation des parents peut rendre plus difficiles certains renoncements : la petite fille aura plus de mal à se défaire de l'envie farouche de construire un lien excessif avec son père, même chose pour le petit garçon avec sa maman. Mais sur le long terme, un certain équilibre peut sans doute être retrouvé. Tout être, homme ou femme, possède en lui une bisexualité psychique qui va lui permettre d'offrir à son enfant deux pôles identificatoires, l'un masculin, l'autre féminin. Et cela, parce que chacun possède en soi à la fois des caractéristiques de son père et de sa mère. Un enfant peut donc trouver le masculin et le féminin dans chacun de ses deux parents, même s'ils sont séparés.

Bien sûr, le système est plus équilibré quand les deux parents vivent ensemble, l'un complétant souvent l'autre dans certaines dimensions qui peuvent lui manquer. Le divorce introduit forcément une fragilité, une rupture d'équilibre. Ainsi, tel homme pourra éprouver des difficultés à aller acheter une robe avec et pour sa fille préadolescente. Et telle maman aura peut-être du mal à parler préservatif avec son fils. Il manque un petit quelque chose à chacun d'eux, malgré une bisexualité apparemment bien intégrée. Petit quelque chose que lui apportait, avant le divorce, son conjoint ou sa conjointe.

N'empêche que si un enfant ne dispose pas de ce cadre idéal papa + maman (dans le sens où il garantit un certain équilibre entre le masculin et le féminin), il peut quand même grandir avec ce que chaque parent a de sa propre mère et de son propre père en lui. Et cela peut suffire à faire de lui un homme ou une femme à part entière...

□ Le cas de Maurice Berger : Juan

Juan, 13 ans, est déprimé et a des idées suicidaires qui ont suffisamment inquiété son médecin généraliste pour qu'il lui prescrive un traitement antidépresseur et l'envoie ensuite en consultation de psychologie de l'enfant. Plongé fréquemment dans de longues rêveries, il n'investit pas du tout sa scolarité. De plus, très susceptible, il ne supporte pas qu'on lui fasse remarquer la moindre insuffisance au collège. Il n'a pas de camarades car ces derniers le trouvent trop « moi je », d'autant plus qu'il s'identifie facilement aux héros des films.

Ses parents ont divorcé lorsqu'il avait 4 ans. Il a envie de faire le même métier que son père, qui exerce des responsabilités publiques. En même temps, il ne supporte pas que ce dernier ait tenté de refaire sa vie. « Pendant que mon père fréquente sa copine, il me laisse tomber », dit-il, évoquant comme idylliques les moments qu'ils passent seuls ensemble. Juan a accepté sans problème le deuxième mari de sa mère, qu'il qualifie de gentil. Il y a quelque chose d'étonnant dans cette situation. Juan ment à sa mère en disant du mal de son père, et lorsque ce dernier est reçu en consultation, il se révèle être beaucoup moins rigide que son fils ne le décrit. Juan ment aussi en cachant à sa mère les bêtises qu'il fait, ce qui a pour résultat de les aggraver.

Au troisième rendez-vous, interrogée sur la manière dont la famille s'est réorganisée après le divorce, Mme C. explique que Juan est tout pour elle, au sens où il l'a comble complètement. La présence de son fils n'a pas une fonction antidépressive : cette mère décrit sans distance une relation amoureuse entre eux. Elle trouve que tout ce qu'accomplit Juan est merveilleux, elle voudrait être une mouche pour aller voir ce qu'il fait en classe. Quand M. C. est parti au moment du divorce, Juan a immédiatement pris sa place à table, son fauteuil, etc. et Mme C. a trouvé cela très bien. Juan est radieux lorsque sa mère parle ainsi d'eux et son visage s'illu-

mine. On comprend que Juan soit si peu jaloux de son « gentil » beau-père : il est certain d'être le véritable amour de sa mère.
Au quatrième rendez-vous, mère et fils sont appuyés amoureusement l'un contre l'autre dans la salle d'attente. Le thérapeute explore l'avenir de cette relation. Juan dit qu'il se voit manger tous les jours à midi avec sa mère lorsqu'il sera adulte, et habiter près de chez elle, même s'il se marie.
On constate comment Juan, à 4 ans, c'est-à-dire en pleine période œdipienne, a été littéralement mis à la place d'amoureux de sa mère. La réalité a collé à ses désirs de petit garçon mais le prix à payer est fort : il ne parvient pas à se situer par rapport à son père même s'il en a envie. Peut-il s'appuyer sur lui comme modèle, ou doit-il le dénigrer, comme il le fait, aux yeux de sa mère ? Quelle valeur a-t-il lui-même ? Est-il merveilleux, avec une telle inflation de l'estime de soi qu'aucun camarade ne veut le fréquenter ? Le risque est alors que la moindre atteinte à cette inflation narcissique ne lui soit insupportable, et c'est ce qui se passe quand Juan ne peut se résoudre à apprendre comme tout élève. Il ne peut accepter d'être un enfant non merveilleux, un élève « banal » qui fait des erreurs et doit les corriger.
En ce sens, c'est sa mère qui lui a menti la première en lui faisant croire qu'il pouvait occuper une place qui n'est pas celle d'un enfant. Permettre à Juan de se dégager de cette position ne peut se faire que si Mme C. prend conscience qu'être mis à cette place entrave le développement affectif de son fils. Cela passe par un détour : l'histoire de Mme C. lorsqu'elle-même était enfant avec un père tyrannique et exclusif, lui interdisant de s'intéresser à tout autre homme qu'à lui, l'installant dans une position œdipienne compliquée. Et si Juan était l'enfant qu'elle avait fantasmé d'avoir avec son père ?

Aux abonnés absents

Ne pas grandir avec ses deux parents ensemble est une chose. Supporter l'absence de l'un des deux en est une autre, radicalement différente. Il arrive que, suite à un divorce, un parent (souvent le père) disparaisse complètement. Il enverra peut-être de temps en temps une lettre, un cadeau... ou peut-être rien. L'enfant devra alors se construire avec un seul de ses parents, avec ce que ce dernier possède en lui de bisexualité.

Certains adultes s'imaginent qu'on peut rester parent à distance, tout simplement parce que l'on pense à son enfant, même sans le voir physiquement. C'est une erreur. En tout cas, du côté de l'enfant, un vrai parent est celui qui est là, bien présent au quotidien quand il en a besoin. Trop d'absence « tue » la fonction de père ou de mère. Réapparaître des années plus tard en revendiquant son « droit » de parent ne changerait rien à l'affaire. Il est souvent trop tard...

□ Le cas de Maurice Berger : Léa

Au cours d'un été, Mme N. a une aventure avec M. S. Elle est très amoureuse de lui, mais perçoit rapidement que ce n'est pas réciproque et qu'il ne souhaite pas établir de liens durables avec elle. Peu après, elle découvre qu'elle est enceinte, en informe M. S. qui répond qu'il ne souhaite pas avoir d'enfant. Il vient cependant voir sa fille Léa une fois lorsqu'elle a 3 mois, une autre fois à 1 an, puis change de ville et ne donne plus aucune nouvelle. Il n'est pas prêt à être père à cette période de sa vie. Mme N. se marie avec un autre homme lorsque sa fille a 11 mois.

Cinq ans plus tard, M. S., déprimé après plusieurs années de galère, éprouve le besoin de nouer des liens familiaux stables. Il reprend contact avec Mme N. qui accepte que sa fille rencontre son père. Léa accepte. M. S. l'investit massivement, demande toujours plus de visites, l'accueille pendant des week-ends au cours desquels il tente d'imposer ses conceptions éducatives assez rigides. Cela aurait pu être acceptable pour l'enfant si la relation avec son père avait été continue. Mais quand on discute avec Léa, qui s'oppose à la poursuite des rencontres, elle explique qu'elle était avant tout curieuse de connaître cet homme, c'est-à-dire de le voir, de pouvoir mettre un visage sur son nom. Elle a immédiatement remarqué qu'il lui ressemble : leurs yeux et leurs cheveux sont de la même couleur, ce qui l'a émue. Pour elle, cela signifie que c'est vraiment son père. Mais elle ajoute qu'il a un caractère un peu dur, froid, et que même si elle passait certains bons moments avec lui pendant les week-ends, il y avait quelque chose qui n'allait pas dans la relation. Il ne s'agit pas seulement du fait que M. S. l'amenait systématiquement chez sa propre mère, ou qu'il la grondait. Au fond d'elle-même, elle est en colère contre lui car il a laissé sa mère en difficulté lorsqu'elle était enceinte. Mais surtout, il a fait irruption dans son histoire.

Elle explique cela clairement lorsqu'elle est reçue avec M. S. Au cours de cet entretien, elle sera glaciale du début à la fin, refusant d'embrasser son père lorsqu'il arrive et lorsqu'il part. Elle a alors 10 ans et s'exprime clairement. Selon elle, la situation repose sur un malentendu. Elle dit que voir comment était son père lui a suffi ; en ce qui concerne le rôle paternel, c'est le mari de sa mère qui l'a élevée depuis l'âge de 11 mois. M. S. décrit alors son histoire à Léa, répète qu'il n'était pas prêt à tenir un rôle de père au moment où elle est née, et explique combien il a mis de temps à pouvoir comprendre ce qu'était un tel rôle, son propre père étant mort quand il était enfant. Avec une certaine dureté, Léa lui répond qu'elle ne l'a jamais aimé et que, pendant les week-ends passés avec lui, elle avait surtout l'impression qu'il venait l'enlever à sa mère.

Léa ne revient pas sur sa position : elle refuse désormais de rencontrer son père même de manière espacée, et même en présence d'une tierce personne. Il est inutile de tenter de mettre en place des visites où elle n'ira que forcée et où elle mettra tous les adultes en difficulté. D'une certaine manière, nous nous trouvons devant une situation proche de celle des enfants adoptés qui, à un moment de leur existence, souhaitent rencontrer leurs parents biologiques, et qui, une fois qu'ils ont pu mettre une image sur ces parents inconnus, n'éprouvent plus aucun besoin de les revoir. C'est dramatique pour M. S. qui a d'énormes difficultés à nouer des liens avec d'autres personnes dans la vie et qui a développé un investissement très important, en partie imaginaire, en partie réel, à l'égard de Léa, mais à un moment où elle avait déjà construit une histoire affective bien structurée avec sa mère et son beau-père. On constate que la qualité de père biologique ne suffit pas à être investi comme tel par un enfant. M. S. est venu se brancher trop tard dans cette histoire. La seule filiation qu'il peut maintenir actuellement est « matérielle », ce qu'il fait en mettant tous les mois une somme d'argent sur un plan d'épargne logement pour Léa. De plus, il a acheté un appartement au nom de sa fille, qu'il est en train de retaper. Cela prouvera à son enfant la continuité de son investissement, mais il ne sera pas payé de retour pendant au moins de nombreuses années, même si, comme il le dit : « Toute ma vie, je serai son père et je chercherai à la voir. »

8

Je voudrais les sauver

Parfois, l'un des parents se désigne comme lésé de manière intolérable par la séparation. Et il attend de son enfant qu'il prenne en charge toute sa souffrance, il le transforme en aide-soignant. On parle alors de « terrorisme de la souffrance ». Une situation psychiquement très dangereuse pour l'enfant. À l'opposé, certains « ex-couples » semblent ne pas connaître le conflit et se comportent en copains. L'enfant peut-il alors s'y retrouver ?

Difficile pour un enfant de voir ses parents souffrir... Et pourtant, il est peu probable qu'il ne soit confronté à leur tristesse au moment du divorce et dans les mois qui suivront. Comment traverser l'épreuve que constitue toute séparation sans se sentir plus ou moins mal ? Malheureux d'avoir fait souffrir l'autre ou d'avoir été « laissé », nostalgique des bons moments malgré tout vécus ensemble.

Légitime tristesse

Pendant quelque temps, il arrivera donc à l'enfant de voir ses parents tristes, perdus dans leurs regrets et des pensées pas toujours réjouissantes, ou même parfois les yeux rougis par les larmes. Situation qui forcément l'étonne et le met lui aussi mal à l'aise. Habituellement, les parents semblent forts et invincibles. Ce sont eux qui consolent leurs enfants des petits et des gros chagrins. Et les voilà comme « sonnés »...

Ce « spectacle de la désolation » n'est pas grave en soi. Il est normal et légitime d'être déprimé lors d'un divorce. Et il s'avère difficile, voire impossible, de le dissimuler totalement à son enfant. On le sait : il a des antennes pour capter les sentiments que ses parents voudraient lui cacher. L'enfant sera-t-il atteint, lui-même blessé par ce mal-être des adultes qui l'entourent ?

Tout dépend en fait de la façon dont ils vont gérer leur propre souffrance. La réaction idéale, quand on en est capable, consiste à essayer de décharger son enfant du poids de ses soucis d'adulte. Comme souvent, cela passe par la parole, les explications : « Oui, je suis triste car cette séparation me fait du mal, il va me falloir du temps, mais ne t'inquiète pas, je vais m'en remettre et reconstruire ma vie autrement. De toute façon, tu n'y peux rien, ce sont mes affaires de grande personne. Toi, tu as ta vie d'enfant à mener, tes copains à l'école. Mes problèmes ne sont pas les tiens. »

Remarquons que dans un tel discours, l'autre parent n'est pas posé en bourreau, il n'est pas accusé d'être responsable de la situation. Par ailleurs, l'enfant n'est pas présenté comme le sauveur, comme celui qui va devoir aider son parent à s'en sortir. Enfin, la souffrance n'est pas niée alors qu'elle existe : le contraire aurait pu donner le sentiment à l'enfant qu'on lui mentait ou qu'on ne lui faisait pas confiance.

Cette attitude devrait suffire à le soulager et à lui procurer l'espoir de jours meilleurs. C'est bon, se dit-il, mon père ou ma mère va surmonter cette épreuve. Un jour, il ou elle ira mieux. J'ai confiance. En plus, comme on ne me demande pas de m'en mêler, je ne suis pas obligé de choisir entre mes deux parents celui qui a tort ou raison. Car pour moi, ils ont tous les deux un petit peu tort...

Si l'on n'est pas apte à parler à son enfant immédiatement dans les moments où l'on pleure, où l'on va particulièrement mal, il importe d'y revenir plus tard. Voir son parent verser des larmes sans obtenir aucune explication ne pourra que l'encourager à se forger ses propres théories... forcément erronées et sans doute plus catastrophiques que la réalité.

Terrorisme avec prise d'otage

Malheureusement, au lieu de ce cas de figure idéal, il existe des situations où l'enfant est victime d'un véritable « terrorisme de la souffrance » (expression empruntée au psychanalyste S. Ferenczi [1]). Cela se produit quand l'un des parents va vraiment très mal, qu'il désigne son ancien conjoint comme directement responsable de sa dépression et le dénigre en permanence, et qu'enfin il utilise son enfant comme confident et comme soutien. Une attitude que l'on pourrait ainsi résumer : c'est parce que ton père (ou ta mère) est parti(e) que je suis dans cet état ; maintenant qu'il (elle) est parti(e), toi, tu dois rester pour m'aider ; et surtout, tu dois complètement prendre parti pour moi.

De façon naturelle, un enfant a tendance à aller vers celui de ses deux parents qui est le plus fragile. Il se retrouve alors prisonnier d'un chantage affectif. Rien ne peut rendre un enfant plus captif qu'un parent qui se présente en danger de suicide ou même de mort physique par maladie supposée gravissime. Résultat, il n'est plus jamais tranquille, ne parvient plus à s'investir dans son travail à l'école, ne peut plus profiter

1. Sandor Ferenczi, « Confusion de langue entre les adultes et l'enfant », in *Psychanalyse*, 4, Payot, 1993.

d'aucun moment de détente ou de loisirs : il a comme seule idée de revenir auprès de son parent qui va mal pour veiller sur lui, le maintenir en vie, le sauver. Comme cette petite fille en promenade avec des amis dans la forêt et qui accumulait des marrons dans un panier en répétant comme un leitmotiv : « C'est pour maman, c'est pour maman. » Elle ne pouvait se réjouir de cette sortie agréable tant son esprit était envahi par l'image de sa mère, toute seule, triste, qui avait besoin de son réconfort. Une responsabilité évidemment beaucoup trop lourde à porter...

Autre exemple, nous avons reçu en expertise une jeune fille de 13 ans sur laquelle son père déversait en permanence sa dépression et sa rancœur, rendant responsable son ex-épouse de tous ses maux : « C'est ta mère qui nous a ruinés en partant (ce qui était faux), tu constates tout le mal qu'elle me fait », donc, implicitement, ce serait me trahir que vouloir la rencontrer. Dans cette situation, le juge des Affaires familiales a prononcé une obligation de visite mère-fille, assortie de sanction à l'encontre du père en cas de non-présentation de l'enfant. Ainsi, la fillette, qui aime toujours sa mère et se sent en même temps obligée d'être totalement « loyale » à l'égard de son père, peut-elle voir sa mère parce que c'est obligatoire, décidé par le juge, et que cela évite une forte sanction financière à son père, sans avoir le sentiment de trahir ce dernier.

On ignore précisément les conséquences de ce type de « prises d'otage » sur un enfant. Mais on pense cependant qu'elles peuvent créer des dégâts intellectuels et affectifs importants. Nous avons vu des enfants mettre en place de graves troubles des apprentissages parce qu'ils ne pouvaient plus se concentrer sur rien, hormis l'obsession de maintenir leur parent en vie. Toute la journée à l'école, ils se demandaient comment leur parent se portait, ce qu'il était en train de faire. Certains troubles ont même fini par se transformer en déficience intellectuelle sérieuse.

Du côté des conséquences affectives, le « terrorisme de la souffrance » prépare sans doute de futurs adultes qui risquent d'avoir des relations difficiles avec l'autre sexe. Il leur faudra beaucoup de temps pour aimer quelqu'un de l'autre sexe sans l'attaquer. Ils prendront peut-être même un certain plaisir à faire souffrir leurs partenaires, à les laisser tomber. On se demande surtout quelle image du couple ces enfants pourront avoir. Sans doute celle d'un couple où il ne peut y avoir que de la haine ou de la méfiance, ou de l'humiliation entre un homme et une femme...

□ Le cas de Maurice Berger : Pierre et Marine

M. J. a très mal supporté que son épouse le quitte. Cette dernière a demandé le divorce non pas pour vivre avec un autre homme, mais parce qu'elle était excédée par le mauvais caractère de son mari et par son besoin d'emprise permanent. Elle s'est bien occupée de ses quatre enfants, y compris scolairement. L'aînée, majeure, a quitté le domicile et n'est pas concernée par la situation. La résidence habituelle des trois autres enfants a été confiée à Mme J., mais à la fin d'un week-end, M. J. refuse de lui remettre les deux plus petits, âgés de 5 et 10 ans. Cette mère, qui souffre beaucoup de ne plus voir ses enfants, essaie d'éviter d'envenimer la situation. Elle négocie en vain avec son mari. Au bout de plusieurs mois, le juge des Affaires familiales demande une expertise. On a la surprise de constater que les deux enfants ne veulent plus voir leur mère, et ce de manière définitive. Pierre, le plus grand, explique que sa mère ne s'est jamais bien occupée de lui lorsque tous vivaient ensemble : elle lui donnait à manger des aliments qu'il n'aimait pas, le tapait, et comme le lui a indiqué son père, elle passait son temps hors de la maison à avoir de mauvaises fréquentations. C'est une des raisons pour lesquelles il ne veut pas aller chez elle : elle le ferait garder pendant ses sorties douteuses. Pierre a ainsi effacé tous les moments agréables qu'il a pu passer avec sa mère. On est impressionné par la manière dont il a modifié rétrospectivement l'image qu'il a de la relation avec elle. Quand on lui demande s'il pense qu'elle s'est bien occupée de lui à certains moments lorsqu'il était petit, il répond qu'il n'en sait rien. Et cela lui est égal de savoir si sa mère est triste ou non de ne pas rencontrer ses enfants, de toute manière, elle est mauvaise. Pierre est d'autant plus envahi par la souffrance psychique de son père que ce dernier lui a dit qu'il se suiciderait si on lui enlevait ses enfants.

Marine, la benjamine, est plus ambivalente et donc plus souffrante. Quand on lui demande si elle a envie de revoir sa mère, elle hésite, et on la sent déchirée intérieurement. Finalement, elle répond que non. L'expert joue avec elle en utilisant de petits personnages. Elle écoute très attentivement l'histoire qui lui est proposée, celle d'une mère qui berce son petit enfant pour l'endormir et qui raconte un conte à un autre enfant plus grand. Elle est très heureuse d'entendre cette scène où une mère s'occupe bien de ses deux enfants. Elle pense que sa mère lui racontait des histoires autrefois. À plusieurs reprises, Marine demande, avec un air soucieux, ce que son frère a dit à l'expert, craignant visiblement de tenir des propos différents, et de risquer ainsi de trahir son frère et son père.

On observe l'effet du « terrorisme de la souffrance » auquel M. F. soumet ses enfants. Il dénigre massivement son ex-épouse et se présente comme une victime totale de la situation. Dans un tel contexte, si les enfants déclarent avoir le moindre sentiment positif à l'égard de leur mère, ce sera vécu par leur père comme s'ils passaient dans le camp du persécuteur et, pour les enfants, ce sera prendre le risque qu'il se suicide. Marine parviendra à se dégager de cette situation avec l'aide d'un psychologue qui la rencontre en présence de sa mère et l'aide à renouer. Elle est encore proche de la période des soins maternels, si bien que l'image de la bonne relation qu'elle a eue avec sa mère ne s'est pas complètement effacée ; de plus, elle est une fille et s'identifie moins que Pierre à la blessure d'amour-propre d'un homme qui se désigne comme abandonné. Par contre, il n'est pas certain que Pierre puisse se dégager de l'emprise paternelle.

Piège infernal

Il est très difficile de sortir un enfant de ce genre de piège. Que l'autre parent ne fonctionne pas sur ce mode, respecte la liberté de penser de son enfant, ne lui propose que des paroles saines et non conflictuelles, ne change rien : ce dernier ne peut pas s'identifier à lui, l'utiliser comme contrepoids. Il demeure aspiré par la pathologie du parent qui se désigne comme gravement lésé. Le rôle du temps est alors essentiel : ce n'est souvent qu'à l'adolescence ou à l'âge adulte que l'enfant parviendra à constater dans quel filet il s'est trouvé pris avec un parent, et à reconnaître alors la valeur réelle de l'autre. Mais ce dernier, dans certains cas extrêmes, aura dû supporter un refus de rencontre de la part de son enfant pendant des années. Il peut être alors important que ce parent marque dans la réalité le maintien de son investissement par des cadeaux d'anniversaire, même s'ils sont renvoyés, ou par une somme d'argent mise sur un compte bancaire. Ces actes auront une grande importance pour son enfant lorsqu'il en saisira le sens à l'âge adulte.

Garde-fous

C'est notamment pour éviter ce genre de dégâts que la loi californienne prévoit qu'en cas de mésentente sur la garde, l'enfant doit résider chez le parent qui ne dénigre pas l'autre. Car le dénigrement est un élément essentiel du terrorisme de la souffrance. Il y a une différence fondamentale entre dire à son enfant : « Ton père est un salaud, il m'a laissée, je suis détruite, il n'y a que toi qui puisses me sauver » et : « Depuis que papa et moi sommes séparés, la vie est plus compliquée pour moi, j'ai besoin que tu m'aides à la maison et que tu participes un peu plus. »

Dans le second cas, l'enfant n'est pas pris en otage. Il est simplement et tout à fait normalement associé à la réorganisation de la vie de la famille. Certes, il devra mettre davantage la main à la pâte, il grandira un peu plus vite que les autres, sera forcé d'être autonome plus tôt (un peu comme dans les familles nombreuses), mais ne sera victime d'aucun chantage.

Aborder avec son enfant le thème de ses difficultés de vie après un divorce n'est pas chose facile. Car de l'explication à la confidence, il n'y a qu'un pas que l'on peut facilement être tenté de franchir, surtout si l'on traverse une période de solitude affective. Or, tout comme le dénigrement, la confidence trop poussée, trop plaintive, est un des éléments du terrorisme de la souffrance...

Rappelons-nous que les oreilles de nos enfants ne sont pas là pour entendre notre mal-être d'adulte. Pour nous laisser aller, il y a la famille, les amis, les professionnels et même des numéros de téléphone anonymes, offrant une écoute empathique et exempte de tout jugement.

Parents copains

À l'opposé de ces parents vivant dans la haine l'un de l'autre, il existe les parents copains. Tout le monde est beau et gentil, on s'aime tous ! Ainsi pourrait être résumée la ligne de conduite que semblent tenir certains couples après un divorce. Les « ex » continuent de se fréquenter à titre amical, on passe les anniversaires des enfants ou Noël tous ensemble, et pourquoi pas les vacances. On assiste aussi parfois à l'organisation d'un mode de garde original où ce sont les parents qui viennent se relayer à tour de rôle dans une maison familiale dans laquelle leurs enfants sont installés à demeure. Pas de haine, pas de ressentiment. Tout est pour le mieux dans le meilleur des mondes !

C'est ce qu'on serait tenté de croire. Mais en est-il vraiment ainsi ? Après avoir largement décrit les dégâts que peut occasionner sur les enfants un conflit qui perdure après la séparation, ce genre de situation sans bagarre pourrait sembler un idéal à atteindre. Il est clair que bien s'entendre avec son ex-conjoint ne peut qu'apaiser les tourments de l'enfant liés au divorce. Pourtant, il est important de s'interroger sur les limites de cette bonne entente. Jusqu'où peut-elle aller ?

Passer des vacances ensemble, c'est-à-dire dormir plusieurs jours sous le même toit que son ancien conjoint, ne risque-t-il pas de créer une certaine confusion dans l'esprit d'un enfant, d'entretenir un espoir de retrouvailles entre ses parents et donc s'avérer nocif ? Impossible à dire. On ne dispose d'aucun élément de réponse scientifique sur ce thème.

Une chose est sûre : il faut se garder de tout jugement. Si tel couple a besoin de cette étape intermédiaire pour digérer le divorce, d'un peu de temps pour aménager sa souffrance, pourquoi pas ? On fait le plus souvent comme on peut, avec ce que l'on est... Si, en revanche, l'ex-couple s'installe à long terme dans cette relation plus que floue parce qu'il ne parvient pas à dépasser et élaborer sa séparation, le danger d'une trop grande déstabilisation pour les enfants peut alors pointer. Ces derniers ne vont-ils pas eux aussi, par ricochet, être dans l'impossibilité d'intégrer le divorce, de faire le travail psychique nécessaire pour l'accepter ? C'est sans doute à craindre.

Quant à la maison familiale, on peut aussi en souligner les limites, voire les dangers. N'est-elle pas une tentative, pas forcément consciente d'ailleurs, de maintenir artificiellement, par les murs, un lien de couple qui a craqué ? On ne peut imaginer que les parents ne laisseraient aucune trace à chacun de leurs passages dans ce lieu commun. Traces d'intimité que l'autre trouverait en arrivant. Tout cela ne favoriserait pas une séparation nette et claire.

Nous ne pouvons donc qu'inciter à la prudence. Cette situation de très grande proximité ne doit sans doute pas s'éterniser, les enfants ayant tout de même besoin de clarté pour s'y retrouver. Tôt ou tard, il faudra que les liens entre les parents se distendent : cela se fera d'ailleurs souvent très naturellement, sous la pression des nouveaux conjoints. En réalité, tout est question de niveau. Manger tous ensemble de temps en temps pour des occasions signifie une certaine affection réciproque entre les parents (dont on ne voit pas pourquoi le divorce l'aurait supprimée). Passer des vacances ensemble relève davantage d'une séparation pas encore très claire. Dans ce dernier cas, attention, il faut sans doute y réfléchir...

□ Le cas de Maurice Berger : Manon

Après un an de psychothérapie, Manon, 10 ans, explique la manière dont sa mère déverse sur elle sa souffrance liée au divorce, ce qu'elle n'avait pas évoqué jusqu'à présent. Le mari de Mme F. l'a quittée, et elle est totalement envahie par l'idée de préjudice. Tous les jours, elle dit à son enfant qu'elle ne sera plus jamais heureuse. Manon explique : « Je porte ma tristesse et celle de ma mère. » En même temps, elle dessine des histoires dans lesquelles un enfant est en colère contre son père et veut que ce dernier lui demande pardon ainsi qu'à sa femme. Comment l'aider à se dégager de cette situation ?

À partir d'informations recueillies au cours des premiers entretiens avec les parents reçus séparément, le thérapeute indique à Manon que sa mère était probablement triste déjà avant le mariage. Tout adulte est peiné lors d'un divorce, parce qu'il perd la relation avec quelqu'un qu'il a aimé, mais beaucoup de personnes parviennent à surmonter cela et à retrouver de l'intérêt dans la vie, à reconstruire des projets. Si sa mère n'y arrive pas après plusieurs années de séparation, c'est parce que le divorce est venu réveiller chez elle des difficultés anciennes, un sentiment de ne pas être aimé comme il le faut qui date de son enfance. Et ça, Manon ne pourra jamais le soigner.

À la séance suivante, cette fillette déclare avoir le sentiment qu'elle peut changer maintenant, et elle ajoute : « Je vais mieux parce que j'accepte que ma mère n'aille pas mieux. » Pas mal, pour une enfant de cet âge ! On comprend aussi pourquoi cette mère attaque sans arrêt son ex-mari en utilisant pour cela les moments où il vient prendre son enfant : des parents qui continuent à se disputer ne sont pas vraiment séparés.

Avec l'accord de Manon, certains de ces éléments sont repris avec sa mère qui raconte effectivement une enfance désastreuse, et ajoute même avoir été très déprimée lorsque sa fille était bébé puis plus grande. On constate comment, dans cette situation, le divorce est en partie traumatique parce qu'il réactive des sentiments anciens et chez la mère et chez l'enfant.

Grâce à ces consultations, Manon peut prendre une certaine distance à l'égard de la dépression de sa mère. Mais cette dernière ne parvient pas à émerger de son état et demeure très centrée sur elle-même. À l'inverse, M. F. évolue et se préoccupe plus de sa fille, ayant, en plus de son droit de visite, des contacts fréquents avec elle pour l'emmener à des activités sportives et artistiques. En fait, Manon serait mieux chez son père, mais pour le moment elle ne peut pas laisser une mère aussi triste. Il n'est cependant pas impossible qu'elle exprime le souhait d'aller vivre chez M. F. à l'adolescence.

9

Je vais mal

Après un divorce, des accès passagers de tristesse durant quelques mois constituent une réaction courante. Pourtant, d'autres manifestations peuvent alerter les parents qui, elles, nécessiteront peut-être une prise en charge par un spécialiste. Notamment des troubles psychosomatiques, des conduites agressives ou des difficultés importantes dans les apprentissages.

On l'a largement vu dans les pages précédentes, un divorce n'est pas un événement anodin pour un enfant ; il est donc fort probable qu'il y réagisse. Oui, mais comment ? Cela dépend bien sûr de chaque individu. Beaucoup d'enfants connaissent une période de tristesse pouvant durer plusieurs mois, suite à la séparation de leurs parents. On ne parle pas ici d'une tristesse intense permanente, mais de petits moments de préoccupation, de souci, entrecoupés de périodes plus joyeuses. Puis au fil des jours, la vie, l'école, les copains reprennent complètement leurs droits... et le chagrin s'estompe.

Peut-on aider ces enfants-là dont le désarroi ne sera de toute façon que passager ? Peut-on leur éviter ces instants où leur regard semble vide, perdu dans un ailleurs peu réjouissant, ces crises de larmes parce qu'il a fallu laisser leur papa après un week-end et que ces séparations sont pour l'instant encore trop cruelles ? Doit-on, par exemple, les emmener en consultation chez un psychologue ou un psychiatre ?

La grande question est lâchée, et notre réponse sera claire : le passage obligé chez un psy après un divorce est une aberration. De nombreux enfants surmontent seuls cette période ou mettent en place des mécanismes de refoulement : ils veulent oublier ce qui les fait souffrir et n'ont absolument aucune envie d'en parler. Il serait donc absurde de les traîner chez un psy pour les forcer à décortiquer leur souffrance. Chacun est libre de refouler ce qu'il veut.

Remarquons aussi que les enfants sont très capables de trouver autour d'eux des adultes, souvent des proches de la famille, ou des oncles ou tantes, pour dire ce qu'ils ressentent. Ils ont alors simplement besoin de « témoins amicaux », de personnes qui les écoutent exprimer leur souffrance et qui éventuellement en prennent acte. « Je vois que tu traverses un moment difficile. » Cette écoute et cette reconnaissance suffisent souvent à dissiper leur tristesse.

Quand le corps parle

Mais dans certains cas, le mal-être des enfants du divorce prend des formes plus impressionnantes que de simples coups de cafard. Et là, spécialement si les symptômes sont très intenses et durent plus de deux ou trois mois, le recours à un spécialiste s'impose. Ce qui ne signifie d'ailleurs pas qu'il faudra impérativement envisager une longue thérapie. Il arrive, en effet, que les problèmes se règlent en une séance ou deux... mais parfois davantage.

Quel genre de manifestations peut-on observer chez les enfants qui vont mal suite à un divorce ? On constate très souvent des « ennuis » psychosomatiques. Le corps prend la parole pour exprimer un profond désarroi, et cela d'autant plus que l'enfant est jeune. Ce langage du corps peut revêtir différentes formes : infections O.R.L. ne se produisant pas avant le divorce, douleurs abdominales (sans doute un des symptômes les plus fréquents[1]), état de fatigue physique ou intellectuelle sans aucune cause précise, troubles du sommeil, reprise du pipi au lit. Ces troubles traduisent un malaise psychique face à la rupture de l'équilibre familial dont l'enfant est victime et imposent parfois aux deux parents de se réunir à son chevet...

Au chapitre des comportements posant problème, il faut évoquer la désobéissance, ou une grande agressivité, ou même des actes de délinquance. Il est intéressant en même temps de garder à l'esprit les travaux de Georges Menahem qui montrent que les maladies somatiques et les troubles psychologiques sont plus importants chez les personnes adultes ayant vécu enfants dans un foyer en mésentente grave, et plus fortement encore lorsque les parents étaient restés ensemble que lorsqu'ils s'étaient séparés.

Forcément mauvais élèves ?

On ne peut non plus faire l'impasse sur les troubles de l'apprentissage qui surviennent parfois suite à un divorce. Il ne s'agit pas d'alerter inutilement les parents divorcés en sous-entendant que leurs enfants réussiront moins bien dans leurs études que les autres. Ce serait injustifié.

À cet égard, une récente étude de l'Institut national des études démographiques intitulée « Séparation et divorce : quelles conséquences sur la réussite scolaire des enfants[2] »

1. Romain Liberman, *Les Enfants devant le divorce*, P.U.F., 1979.
2. Cette étude a été menée par Paul Archambault et publiée dans *Populations et sociétés*, nº 379, mai 2002.

a beaucoup fait parler d'elle et jeté un certain trouble. On peut y lire les conclusions suivantes : « Quel que soit le milieu social, la rupture du couple parental est associée à une réussite scolaire plus faible chez l'enfant. La séparation des parents avant la majorité de l'enfant réduit la durée de ses études de six mois à plus d'un an en moyenne. Le divorce a beau s'être banalisé, ses conséquences sur la réussite scolaire des enfants perdurent. »

Un constat qui a de quoi alarmer... et qui peut faire peser sur les épaules des parents une certaine culpabilité. L'auteur de cette étude nuance cependant ses conclusions en indiquant qu'« il reste à savoir si la séparation des parents est la cause des difficultés scolaires, ou si ce ne sont pas plutôt les circonstances antérieures au divorce qui en sont à l'origine. La désunion ne serait alors que le révélateur d'un environnement déjà défavorable à la réussite scolaire ». Ainsi, d'autres études menées dans d'autres pays montrent que l'échec scolaire ne dépend pas de la forme de la famille mais du climat qui y règne. La prudence est donc de mise.

Apprendre avec ses sentiments

Ces réserves étant faites, il est parfaitement possible que certains enfants rencontrent des difficultés à l'école après un divorce. Mobilisant une énergie colossale pour faire face à cette situation nouvelle et douloureuse, pour s'y adapter au mieux, ils peuvent alors se trouver dans une sorte d'indisponibilité psychique. Indisponibilité encore accrue si le conflit parental perdure après la séparation. L'enfant est alors obligé de développer des stratégies, des ruses, pour concilier deux discours opposés et faire attention de ne pas commettre de bévues en disant certaines choses à sa mère concernant son père et réciproquement. Les capacités de concentration et le désir d'apprendre se trouvent hypothéqués dans ce genre de contexte.

Mais certains troubles de l'apprentissage semblent avoir des causes encore plus profondes. Pour le montrer, on prendra un exemple particulièrement éloquent[1]. À la question de son instituteur qui lui demande combien font 28 + 31, un petit garçon de CE2 répond : 14. Résultat en apparence aberrant... mais qui obéit pourtant à un raisonnement bien particulier. Le jeune élève a opté pour une logique verticale, en colonne. Il a effectué l'opération suivante :

$$\begin{array}{r} 28 \\ \underline{+\ 31} \\ =\ 14 \end{array}$$

Quand on lui demande comment il est arrivé à ce résultat, il explique avoir procédé ainsi :

$$2 + 3 = 5$$
$$8 + 1 = 9$$
$$\text{donc } 5 + 9 = 14$$

On constate là que, dans un premier temps, il sépare le corps de chaque nombre en deux. Puis à la fin, cet enfant qui n'a jamais accepté le fait que ses parents aient divorcé peu après sa naissance, et qui demande tous les soirs à sa mère qu'elle et son père se remettent ensemble, réunit les deux moitiés : 5 + 9...

Il apparaît donc que, pour certains enfants, le divorce de leurs parents vient modifier en profondeur leurs capacités d'apprendre. Tout apprentissage repose sur le fait de réaliser des synthèses, de faire des liens entre des éléments. Or certains enfants, malgré tous leurs efforts, ne parviennent pas à se représenter un lien entre leur père et leur mère, ou

1. Maurice Berger, *Les Troubles du développement cognitif*, Dunod, 1996.

évitent de les faire tenir ensemble dans leur esprit. Accepter de rapprocher deux éléments de raisonnement en cherchant à les articuler, les faire entrer en contact, c'est peut-être prendre le risque d'une grosse explosion (comme une dispute entre papa et maman). Où l'on voit que l'on apprend aussi avec ses sentiments... qui, s'ils sont trop confus ou trop angoissants, deviennent un handicap.

Une pensée désorganisée

Face à certains enfants dont les résultats scolaires s'effondrent suite à un divorce, il peut être instructif de faire un saut dans le passé et de s'intéresser à la façon dont fonctionnait la famille avant la séparation. Dans un certain nombre de situations, on s'aperçoit alors que non seulement le couple parental « marchait mal », mais qu'en plus il n'a pas offert à l'enfant un cadre propice à l'organisation de sa pensée. Pour résumer, on pourrait dire que l'enfant a construit son système de réflexion et de représentation symbolique sur des bases bancales, comme nous allons le constater.

Dans une famille « équilibrée », l'enfant est exclu de certaines activités ou discussions des parents, qui se réservent aussi des moments agréables pour leur couple : ils s'absentent de manière non excessive pour aller au cinéma ou chez des amis. L'enfant, dès qu'il n'est plus un nourrisson, est aussi exclu de la chambre à coucher la nuit. À cette occasion, confronté à sa solitude, l'enfant se pose certaines questions : quels sont ces plaisirs auxquels je n'ai pas droit, que font-ils quand ils sont tous les deux ? En l'occurrence, il dispose de l'espace nécessaire pour se livrer à une activité psychique indispensable : se fabriquer des fantasmes sur son origine et sur l'origine du désir amoureux.

Tout être se pose normalement ces questions dans son enfance et y répond en se forgeant ses propres théories : d'où vient la vie ? comment ai-je été fabriqué ? pourquoi y a-t-il une différence entre les sexes ? pourquoi les hommes ont-ils un sexe apparent et pas les filles ? l'ont-elles perdu ? comment mes parents ont-ils fait pour se rencontrer et se séduire ? C'est donc en bonne partie grâce à l'exclusion de l'espace privé de ses parents qu'un enfant peut mettre en route son activité de représentation, de réflexion. Activité fondamentale qui ouvre à la capacité d'apprendre et à la curiosité, un des piliers du désir de savoir.

Mais dans certaines familles, les parents, eux-mêmes incapables de supporter la solitude, ne s'accordent pas ce droit à l'intimité : envahis par la crainte que leur enfant ne se sente abandonné ou ne soit dévoré par la jalousie, ils ne peuvent se résoudre à l'exclure par moments de leur couple. Les membres de la famille vivent collés en permanence les uns aux autres : l'enfant est constamment avec ses parents. Les seuls moments d'éloignement tolérés sont ceux qui sont inévitables, liés à la profession des parents ou à la fréquentation de l'école. L'enfant n'a donc aucun espace de solitude et aucune occasion de fantasmer sur le couple parental qui lui démontre en permanence qu'il n'a rien d'intime à cacher. L'activité de pensée de l'enfant ne porte alors que sur du concret.

Tant que les parents restent ensemble, l'enfant se débrouille tant bien que mal à l'école même s'il souffre d'une pauvreté imaginative certaine et a du mal à réfléchir sur des idées abstraites. Mais le jour où le couple éclate, l'enfant n'ayant jamais appris à organiser sa pensée dans l'absence, tout s'effondre. Il ne pouvait penser qu'en ayant le couple uni devant lui, collé à lui. C'était sur le couple réel que reposait son sens de l'identité, à défaut d'avoir pu se construire des idées sur son origine et acquérir la capacité de penser seul. Dans ce cas de figure, les dommages sont malheureusement assez lourds. Ces enfants sont difficiles à aider : comme ils n'ont pas d'imagination, ils n'arrivent que difficilement à s'engager dans une psychothérapie et à exprimer leurs inquiétudes, même sous forme de dessins ou de jeux simples avec des personnages. Et les parents, qui sont eux-mêmes souvent encore collés à leurs propres parents, souffrent mais peinent eux aussi à se représenter ce qui se passe en eux.

□ Le cas de Maurice Berger : Franz

Franz a 10 ans lorsque ses parents se séparent. Ses résultats scolaires chutent d'une manière massive : il écrit que 4 + 3 = 5, 2 + 3 = 6, alors qu'il savait faire une addition auparavant. Il lui arrive aussi de s'arrêter au milieu d'un exercice sans s'en rendre compte. En même temps, il commence à mentir et à voler.
Ses deux parents ont une relation et une histoire complexes. Tout en les rencontrant régulièrement et séparément, je reçois Franz seul toutes les semaines. Il apparaît rapidement que ses capacités de penser sont faibles. Il n'utilise pas les stylos-feutres pour dessiner mais uniquement pour se tapoter les joues, transforme les feuilles de papier en avions. Les rares fois où il effectue un dessin, celui-ci est d'une pauvreté impressionnante : une voiture, ou une moto, sans commentaire. Lorsque je lui propose une idée, il est stupéfait, ne comprend pas ce que je veux dire, comme s'il ne pouvait pas saisir ce qu'est un fantasme ou une réflexion sur soi. Lorsque je demande à Franz quelle note il pensait avoir à son devoir fait d'additions fausses, j'ai la surprise de l'entendre répondre qu'il croyait qu'il aurait 20. Il est d'accord lorsque je souligne qu'il a dû être déçu. Il se montre très touché, pour la première fois, quand je lui dis que ce genre d'addition, on en connaît le résultat automatiquement, sans avoir à réfléchir, et que ses erreurs ne sont donc pas dues à de la fainéantise, ce qui est la version de ses parents. Il est à nouveau stupéfait quand j'avance qu'il se passe donc quelque chose en lui qui sabote sa pensée. Il m'explique alors qu'il cache à sa mère qu'une voix, en lui, lui dit que s'il

continue ainsi, il risque de devenir complètement nul et de finir vagabond, sans métier.

Peu à peu, il apparaît que Franz met inconsciemment en œuvre un processus complexe. Son grand principe, c'est de « ne pas y croire ». Une partie de lui craint tellement de revivre les déceptions passées qu'elle se comporte d'une manière anti-espoir : mieux vaut penser qu'il sera vagabond que d'espérer un autre avenir. S'imaginer clochard règle le problème, il n'y a plus la détresse de se sentir s'effondrer. Et c'est à l'autre partie de lui, à ses parents et à moi, qu'il fait vivre le désespoir avec ses résultats scolaires catastrophiques, ses mensonges répétés et ses vols.

Ce fonctionnement psychique était probablement déjà en partie présent chez Franz avant le divorce, mais n'apparaissait pas. C'est au moment de la séparation que la déception a pris un aspect actif face à la réalité : déception d'apprendre que son père trompait sa mère, le trompait en lui mentant sur bien d'autres points, que sa mère lui cachait que son père mentait, avec le sentiment que, d'une certaine manière, il était méprisé. La première solution qu'il imagine, c'est que ses parents revivent ensemble, ce qui lui permettrait de revenir à son état psychique antérieur, espère-t-il. Comme ils refusent, il demande à sa mère si elle peut se marier avec moi, pour qu'il soit à nouveau face à un couple uni.

10

Qui va me garder ?

Évidemment, un enfant n'est pas un bien qui se partage. Père et mère partagent, en revanche, la responsabilité de son éducation et de son épanouissement affectif. Existe-t-il un mode de garde idéal qui garantisse une « co-parentalité » harmonieuse après une séparation ? Tout aménagement respectant les besoins essentiels de l'enfant en fonction de son âge ira dans ce sens.

Après une séparation, se pose bien sûr la question de la garde des enfants. À vrai dire, pendant longtemps, les habitudes ont laissé peu de place aux tergiversations : les enfants étaient massivement confiés à la mère par les juges des Affaires familiales. Le père les voyait un week-end sur deux et la moitié des vacances scolaires. Actuellement, c'est encore ce modèle qui domine puisque 85 % des enfants de parents séparés vivent avec leur mère[1]. Sauf que les papas font de plus en plus souvent entendre leur voix, ne se contentant plus de la portion congrue à laquelle leur présence était souvent réduite auprès de leurs enfants. Certains réclament la garde à part entière ou un système de résidence alternée, c'est-à-dire un partage strictement égalitaire de la garde, la moitié du temps chez la mère, la moitié chez le père.

1. Selon une enquête qualitative du ministère de la Justice et de l'I.N.E.D. (1994).

D'ailleurs, la loi du 4 mars 2002 reconnaît officiellement ce mode d'accueil et donne même au juge le pouvoir de l'imposer « à la demande de l'un des deux parents ou en cas de désaccord entre eux sur le mode de résidence de l'enfant ».

Une société en mutation

Cette évolution est sans doute liée aux chamboulements que connaît notre société depuis une trentaine d'années. Voilà plus d'un quart de siècle que nous cherchons à définir les nouveaux contours du masculin et du féminin, qu'hommes et femmes modifient progressivement leurs places et leurs rôles. Pendant que les femmes revendiquent la parité, les hommes essayent de s'accommoder de la part féminine et maternelle qu'ils ont découverte en eux et qu'ils osent désormais laisser s'exprimer. Résultat : les pères sont de plus en plus nombreux à « materner » (changer les couches, donner le biberon et le bain, accompagner bébé chez le pédiatre, aller le chercher à la crèche, etc.) et semblent y prendre goût. En toute logique, leur niveau de revendication est donc plus élevé au moment du divorce quant à la garde des enfants.

Mais ce mouvement des « nouveaux pères » comme on les appelle dans les magazines, ne doit pas faire oublier que d'autres ont une nette tendance à prendre les jambes à leur cou suite à une séparation. Et nombreux sont les enfants qui voient de moins en moins leur père dans les années qui suivent le divorce, pour finir par perdre tout contact avec lui. C'est le cas d'un quart d'entre eux[1]. Ces hommes-là ont-ils été trop privés de leurs enfants au quotidien pour réussir à rester pères ? Ont-ils été balayés par une mère omniprésente ? Ou se seraient-ils peu investis de toute façon,

1. *Ibid.*

même si le couple était resté uni, leur désaffection paternelle passant alors plus inaperçue ? Impossible à déterminer.

Il est clair que cette question du mode de garde va bien plus loin qu'un simple problème d'organisation. C'est toute la construction, et aussi la pérennisation, de la relation affective des enfants avec leur mère d'une part et leur père de l'autre qui est en jeu. D'où cette interrogation primordiale : existe-t-il un mode de garde idéal, un système qui assure l'équilibre de l'enfant, qui garantisse les liens avec chacun de ses deux parents ? Bien sûr, on sait qu'il a besoin de ses deux parents. Mais a-t-il autant besoin de l'un que de l'autre à tous les âges ? Le père peut-il remplacer la mère dans les premières années de la vie de l'enfant, pendant combien de jours et à partir de quel âge ? Quel est le rythme de rencontre nécessaire pour que le père soit une personne signifiante aux yeux de son enfant, pour qu'il fasse réellement partie de son univers ?

En fait, c'est pour les nourrissons et les petits enfants jusqu'à 3 ans environ que ces questions se posent avec le plus d'acuité. À cet âge, ils ne disposent pas encore des ressources psychiques nécessaires (comme ce sera davantage le cas au-delà de 3 ans) pour s'adapter sans dommage à n'importe quelle situation. Pour mieux comprendre les enjeux en présence et sans prétendre imposer une recette idéale, il nous a paru intéressant de nous attarder sur le genre de liens qui unissent un bébé à son père et à sa mère dans ses premiers mois. Forts de ces quelques connaissances, il sera peut-être ensuite plus facile aux parents d'envisager un système de garde respectueux des besoins essentiels de leur enfant. Ce sera sans doute un intermédiaire entre le « prêt-à-porter » jusque-là quasi automatique d'un week-end tous les quinze jours chez papa et le reste du temps chez maman, et la tendance actuelle « tout égalitaire » d'une semaine chez papa/une semaine chez maman.

Répétons-le encore, nos interrogations et éventuelles réticences portent ici sur les enfants de moins de 3 ans ou un peu plus, les données n'étant pas les mêmes chez les plus grands.

□ Le cas de Maurice Berger : David

Mme G., désemparée, vient solliciter mon avis sur ce qu'elle et son bébé, David, âgé de 15 mois, vivent actuellement. Son concubin, M. X., la quitta au cours de la grossesse, mais lorsque l'enfant eut 6 mois, il se manifesta et demanda à s'en occuper. Face à ses sautes d'humeur violentes, cette mère accepta qu'il prenne son fils tous les samedis pour une promenade de trois heures dans un lieu auquel l'enfant était habitué, le parc proche de l'appartement. Souvent David fronçait les sourcils, pleurait, s'agrippait à sa mère face à cette personne peu connue, mais la promenade ne se passait pas trop mal jusqu'à ce que le père parte trois heures avec l'enfant dans un lieu inconnu de lui. David revint méconnaissable, triste, amorphe, et mit une heure trente pour sourire à nouveau. Le soir, il présenta des difficultés d'endormissement. De plus, le père indiqua que l'enfant avait refusé de manger son goûter dans l'après-midi. Une autre fois, il griffa sa mère au retour.

Peu après, le juge des Affaires familiales décide qu'à compter de l'âge de 16 mois, ce bébé ira chez son père une fois tous les quinze jours du samedi 14 h au dimanche 17 h, et quinze jours pendant les vacances d'été qui surviendront lorsque l'enfant aura 22 mois, alors que David n'a encore jamais passé de nuit loin de sa mère. Il est intéressant de noter que, pendant que nous discutons du fait qu'il risque de dormir une nuit chez son père, ce bébé, qui est tranquillement assis par terre en train de jouer avec des Lego, présente un accès d'angoisse et se met à hurler alors que nous ne nous adressons pas à lui et que sa mère n'a pas modifié le ton de sa voix. Elle devra le garder ensuite sur les genoux jusqu'à la fin de la consultation. Mme G. fait appel en référé (procédure d'urgence) de la décision judiciaire, demandant simplement un étalement plus progressif de l'éloignement de l'enfant.

La cour d'appel refuse tout changement et maintient la décision du juge des Affaires familiales. De plus, cette cour considère comme « raisonnable, si des angoisses nécessitant la mise en place d'un traitement apparaissent chez David, que le père et la mère consultent ensemble un praticien avec l'enfant pour acquérir une démarche thérapeutique commune, indispensable au bon développement de leur fils ». Cette dernière proposition relève d'une utopie totale quand on connaît le contentieux existant dans ce couple, comme dans de nombreux couples séparés et en conflit.

D'après certains éléments rapportés par Mme D., il n'est pas certain que ce père ait eu toute la maturité nécessaire pour s'occuper d'un bébé. Mais nous ne l'avons pas rencontré et n'avons donc pas pu nous faire un avis objectif. En tout cas, dans ce contexte, une expertise psychologique des deux parents semblait alors constituer une précaution nécessaire avant de maintenir cette décision, afin d'évaluer les capacités parentales de chacun, au lieu d'essayer d'éliminer la complexité de cette situation particulière en en faisant un problème judiciaire de « droit du père » en général.

Deux ans plus tard, Mme G. revient faire le point. Il apparaît que la décision de la cour d'appel n'a jamais été appliquée car le père s'est rendu compte qu'elle était irréalisable. La première fois où M. X. tenta de prendre son fils deux journées de suite, un samedi puis un dimanche en le ramenant chez sa mère la nuit entre ces deux jours, David fit une sorte de crise en tenant des propos incohérents pendant deux heures, juxtaposant des mots sans sens. Lors de la deuxième tentative quinze jours plus tard, l'enfant revint triste et abattu. Quinze jours plus tard encore, il refusa de partir avec son père et il fut impossible de l'installer dans sa poussette tant il se débattit et hurla. Cette situation se prolongea pendant plusieurs mois. Onze mois plus tard, le juge des Affaires familiales dut reconsidérer la situation et ordonna des visites de trois heures en lieu neutre tous les quinze jours pendant dix mois. Ces visites furent difficiles, David y allant à contrecœur, donnant des coups de pied à son père qui lui répondait : « Tu es méchant. » À 3 ans et demi, David accepte maintenant d'aller chez son père, mais pas toujours, c'est l'enfant qui décide, ce qui ne nous paraît pas sain.

On ne peut pas éliminer de la compréhension de cette situation les questions suivantes. Comment Mme D. conçoit-elle la place et le rôle d'un père pour son enfant ? Quelle représentation M. X. a-t-il lui-même de ce que peut être le rôle d'un père ? Non seulement la justice n'a pas évalué cela, mais qui plus est, en imposant un rythme irréalisable, elle s'est elle-même déconsidérée comme cadre de référence. David fait donc maintenant sa propre loi, et rien ne permet d'affirmer que les magistrats de la cour d'appel sont au courant de l'inadéquation de leur décision puisqu'il n'existe aucune évaluation des décisions judiciaires. Il est donc possible qu'ils continuent à émettre des décisions semblables dans de telles situations.

Le père n'est pas une mère comme les autres

Commençons tout de suite par une affirmation qui ne semble pas toujours aller de soi : père et mère ne sont pas interchangeables auprès d'un bébé, ils ne sont pas à égalité dans son psychisme, ils ont chacun un rôle spécifique à jouer. Loin de toute position idéologique, ce savoir (car c'en est un !) a été établi grâce à des années de recherches et de nombreux travaux jusque-là non démentis. On ne peut le jeter aux orties sous prétexte qu'il ne serait pas dans l'air du temps. La différence des sexes existe encore bel et bien... en particulier dans la tête des bébés ! Et ce n'est pas parce que les adultes décident d'exercer différemment leur rôle parental que les besoins des bébés changent : ils sont les mêmes depuis des siècles et demeureront toujours les mêmes...

Que nous apprennent les chercheurs ? Dans les premiers mois de sa vie, un nourrisson a besoin d'évoluer dans un environnement stable et, en particulier, de bénéficier de la présence continue d'un, deux ou trois adultes, toujours les mêmes. Rapidement, il s'attache à ces personnes (qui sont le plus souvent ses parents) dans la mesure où elles apaisent ses tensions, notamment en lui donnant à manger quand il a faim, ou encore en répondant à son besoin de contacts physiques et de plaisirs partagés en le portant dans les bras, en le câlinant, en le caressant, en lui souriant.

L'attachement se fonde aussi sur la sécurité que les parents assurent à leur bébé : il constate qu'ils sont toujours là pour répondre à ses besoins et ses sollicitations. Il se sent rassuré par la permanence de leur présence physique, par leur permanence affective sans sautes d'humeurs imprévisibles, par la répétition au fil des jours des mêmes gestes (par exemple les rituels du bain, ceux du repas ou de l'endormissement). Ce besoin de permanence concerne aussi les lieux : certains bébés montrent de l'angoisse tout simplement parce qu'on a enlevé un meuble de leur chambre ou qu'on l'a changé de place.

Bien sûr, le père tout autant que la mère est capable d'effectuer tous ces gestes et d'offrir à son tout-petit un maternage de qualité. Et pour le bébé, c'est ce qui compte avant tout. Mais le nourrisson va-t-il pouvoir s'attacher exactement de la même manière à deux personnes qui ne vivent pas ensemble, pas dans le même lieu ? Autrement dit, quand il sera séparé de l'une de ses figures d'attachement, l'autre pourra-t-elle prendre pleinement le relais ? Le bébé aura-t-il exactement la même sensation de sécurité (ce qui est un besoin essentiel pour lui, on l'a vu) avec sa mère et avec son père, chez l'un et chez l'autre ?

Il semble bien que non... Il a été prouvé que la mère est considérée par le bébé comme une personne plus sécurisante que les autres, y compris le père : elle reste sa « figure d'attachement préférentielle ». On doit cette certitude au chercheur M. E. Lamb, un grand spécialiste de la relation père-bébé. Il a ainsi montré en 1983 (et aucune étude n'est venue le contredire depuis) que des enfants suédois élevés prioritairement par leur père, souvent du fait de la profession de la mère, manifestaient une préférence pour leur mère dans une situation « étrange ». Par exemple, qu'un visiteur inconnu arrive, et c'est vers leur maman qu'ils cherchaient du réconfort et de la protection, même si c'était leur papa qui s'occupait d'eux au quotidien. C'était très net pendant la période étudiée, c'est-à-dire de l'âge de 8 mois à l'âge de 16 mois.

Conclusion : si le père occupe bel et bien une position de figure d'attachement, l'enfant préfère cependant la base de sécurité maternelle en cas de détresse.

Comment expliquer cette « supériorité » de la mère dans le registre émotionnel, dans cet attachement des premiers mois avec son bébé, qu'on ne peut que constater ? Peut-être s'agit-il d'une compétence génétiquement programmée ? La question reste entière... Selon le psychanalyste Winnicott, la réponse serait plutôt à chercher du côté de la douce « folie » qui s'empare des mères dès la naissance de leur enfant. Elles sont alors capables d'opérer une véritable régression psychique leur permettant de se brancher en direct sur la même longueur d'onde que leur bébé... et donc de comprendre et de répondre mieux que quiconque à tous ses besoins.

La relation très particulière de proximité qui s'installe au cours de la grossesse est sans doute aussi pour beaucoup dans ce don des mamans à rassurer leur tout-petit. On a, entre autres, pu montrer comment le fœtus réagit quand sa maman éprouve une forte émotion : il s'agite davantage dans l'utérus et son rythme cardiaque s'accélère. À la naissance, cette complicité mère-bébé, cette quasi-fusion, se poursuit, étayée sur l'expérience de l'accouchement puis de l'allaitement. D'autres travaux ont montré que le nouveau-né reconnaît la voix de sa mère parmi d'autres voix de femmes... mais pas celle de son père parmi d'autres voix d'hommes.

Le fait pour un papa d'être parfaitement apte à changer son bébé, le nourrir, le soigner, lui apporter tout son amour, ne suffira donc pas à rassurer son tout-petit quand il est loin de sa maman, sa « pourvoyeuse en sécurité interne ». Et cela, personne n'y peut rien, c'est ainsi. C'est avant tout une question de patience : plus l'enfant grandira, plus son psychisme sera capable de supporter des séparations de plus en plus longues d'avec sa mère. À partir de 3 ans, un enfant commence à être bien outillé pour conserver en lui l'image de sa maman, sans être trop angoissé et gravement perturbé par son absence.

Un père, c'est bon pour un bébé !

Mais attention, cela ne veut en aucun cas dire que le père n'a pas un rôle spécifique à jouer auprès de son bébé dès ses premiers mois de vie, primordial pour son développement affectif. Cela signifie tout simplement qu'il a d'autres choses que la mère, très essentielles elles aussi, à apporter à son nourrisson. Globalement, l'attitude paternelle favorise plutôt l'ouverture de son petit enfant sur le monde et l'environnement. Alors que celle de la mère vise avant tout à faire naître un sentiment de confiance et de sécurité à travers une certaine symbiose.

Pendant que la maman privilégie un dialogue très émotionnel avec son bébé, fondé sur des sourires, des mimiques, des vocalisations, de longs regards yeux dans les yeux, le papa est davantage dans un échange physique et stimulant avec son tout-petit (il le soulève dans les airs, fait des jeux de chatouilles, etc.)

De même, les pères utilisent trois fois plus de mots difficiles quand ils parlent à leur bébé, alors que les mamans préfèrent les mots familiers pour être sûres d'être comprises. Exemple : un papa n'hésitera pas à appeler une boussole par son nom, tandis qu'une maman cherchera un mot proche de ce que son enfant connaît déjà, comme « montre ». Résultat, pour se faire comprendre de son papa, bébé sera forcé plus tard d'employer un vocabulaire précis. Une exigence stimulante.

Quand il joue avec son tout-petit, un père se montre souvent taquin, compliquant par exemple un jeu simple pour le pousser à trouver une solution. En proposant ce genre de défi, il renforce chez son enfant le sentiment d'être capable de faire, de prendre des initiatives, de s'aventurer, de se mesurer à l'obstacle, ce qui amène les chercheurs à qualifier le père de « catalyseur de prise de risques ». Mais l'intérêt du jeu avec papa ne s'arrête pas là : les séances de chatouilles et de chahut permettent au petit enfant de s'initier aux règles, d'apprendre à réguler son agressivité, autant de qualités qui lui serviront plus tard à s'intégrer dans des groupes d'enfants de son âge.

Détail amusant (qui n'en est d'ailleurs pas un) : les papas utilisent trois fois plus le prénom de l'enfant, alors que la mère préfère des petits mots doux tels que : mon chaton, mon poussin ou autres diminutifs affectueux. Ainsi, par son action dynamisante, le père aide aussi l'enfant à devenir un être distinct de sa maman, à se détacher d'elle, bref à devenir plus autonome.

Ajoutons à cela que le père contribue largement à la construction de l'identité sexuée chez son bébé. C'est en observant peu à peu que son père et sa mère n'ont pas la même odeur, pas la même peau, pas la même voix, pas la même façon de le tenir, pas la même « poigne », qu'il comprend que l'humanité se divise en deux groupes : les hommes et les femmes.

Enfin, au niveau des apprentissages, de nombreuses études ont montré que des enfants ayant bénéficié de contacts fréquents avec leur père durant leur première année se montraient plus performants à certains tests d'évaluation en matière d'éveil (vocalisations, coordination entre l'œil et la main) que d'autres enfants ayant eu peu de contacts. Les premiers font plus de manipulations que les autres quand un nouveau jouet leur est offert, comme s'ils préféraient les situations nouvelles aux anciennes, et ils sont moins dépendants de l'adulte.

On l'a compris, les deux parents sont complémentaires. Les mères donnent aux enfants le sentiment de sécurité et les pères encouragent la prise de risques. Les premières assurent des repères fiables pour que les seconds puissent les pousser vers le monde, hors du cocon familial. Si l'enfant était toujours déstabilisé, il aurait du mal à progresser car il serait trop inquiet. Mais s'il n'était jamais encouragé à aller de l'avant, il resterait éternellement dans les jupes de maman ! En résumé, tout comme il a besoin de ses deux jambes pour marcher, un bébé a besoin de sa mère et de son père auprès de lui pour se développer harmonieusement.

Une garde sur mesure ?

Oui, mais comment faire puisque, justement, ils ne vivent plus ensemble ? Pour y voir plus clair, récapitulons les données incontournables. Nous pouvons affirmer qu'il peut être nocif pour un nourrisson de passer une semaine ou plus éloigné de sa mère avant l'âge de 2 ans, encore plus si cela se produit de manière répétée. Un nourrisson qui ne voit pas sa mère pendant un mois est un bébé qui a perdu sa maman car il n'a pas la capacité d'en garder la représentation ni de comprendre la séparation. Un principe essentiel devrait donc consister à éviter les séparations mère-bébé trop prolongées et répétées.

En même temps, il faut que le père puisse voir suffisamment souvent son bébé pour que celui-ci ne le considère pas comme un étranger mais comme une personne faisant partie de sa vie. Par ailleurs, il n'y a aucune raison que le père soit privé du plaisir de voir son bébé faire des progrès, de s'en occuper, de jouer avec lui. Sa souffrance de ne plus vivre chaque jour auprès de son tout-petit ne doit pas être sous-estimée ni niée.

La solution que nous proposons : le fractionnement évolutif des temps d'hébergement chez le père, en fonction de l'âge de l'enfant[1].

De 0 à 1 ans, l'enfant pourrait voir son père deux à trois fois par semaine, chaque fois pour une durée de trois ou quatre heures, sans passer la nuit chez lui.

De 1 à 3 ans, les recommandations précédentes peuvent être nuancées suivant le niveau d'entente entre les parents, la manière dont le père a été impliqué dans les soins précoces avec l'enfant, la capacité de chaque enfant à gérer le changement. L'enfant ne pourra aller la nuit chez son père que quand il sera familiarisé avec le foyer du parent chez lequel il n'habite pas. Il ne pourra être absent un week-end complet avec deux nuits qu'à partir de 3 ans.

De 3 à 5 ans, l'hébergement peut se faire chez le père sous la forme d'un week-end tous les quinze jours, et d'une rencontre une demi-journée éventuellement dans la semaine. Vacances de quinze jours chez le père à condition de maintenir des contacts directs avec la mère.

Au-delà de 5 ans, c'est-à-dire lorsque l'enfant a atteint une capacité de pensée lui permettant de comprendre ce qui se passe, on peut envisager des vacances chez le père pendant un mois en plus du droit de garde précédent.

Au-delà de 6 ans et pas avant, la mise en place d'une garde alternée ou, nuance importante, d'une garde partagée (c'est-à-dire que le temps de garde des deux parents n'est pas forcément strictement égal) peut alors être envisagée,

1. Ces propositions s'inspirent directement des recommandations faites par T.D. Brazelton et S.I. Greenspan (2001), deux spécialistes mondialement reconnus de la petite enfance, et par un tribunal des Affaires familiales de l'État de Washington, aux États-Unis. Voir *Ce qu'un enfant doit avoir*, Stock, 2001.

avec comme idée maîtresse le maintien du lien et l'engagement des deux parents dans le quotidien de l'enfant.

Attention, danger !

Bien sûr, ces propositions sont lourdes à mettre en place et exigeantes. La mère doit rendre son bébé disponible pour son père deux ou trois fois par semaine, chaque fois plusieurs heures. Elle ne peut pas partir en vacances de manière prolongée. Il en est de même pour le père qui doit aménager ses horaires de travail en conséquence et doit renoncer à prendre son enfant la nuit pendant une certaine période. Mais n'est-ce pas aux adultes de s'adapter à l'enfant et non l'inverse ?

Malheureusement, cela ne semble pas la voie la plus souvent choisie par les juges et les parents. Personne ne semble vouloir prendre en compte le fait que tous les travaux portant sur la garde alternée concernent des enfants de plus de 6 ans (voir en annexe). La situation de nombreux bébés nous semble actuellement dramatique du fait de décisions judiciaires ordonnant de longues séparations (un mois entier pour un enfant de 12 mois par exemple) et d'un glissement vers des demandes paternelles de garde alternée de plus en plus précoce. Des attitudes dont tout le monde pâtit....

La mère, d'abord, parce qu'au retour des moments passés chez le père, le bébé lui fait payer son absence dont il la rend bien sûr responsable : il refuse activement de la regarder, de lui sourire, et de lui montrer qu'il la reconnaît. Parfois même, l'enfant s'est tenu à peu près tranquille avec son père. Mais si on analyse plus finement la situation, on se rend compte qu'il a surtout été passif, s'est soumis pendant cette situation inquiétante qu'il ne maîtrisait aucunement, et ne montre son malaise que lorsqu'il est en présence de sa mère.

Le père, ensuite, qui ne se rend souvent pas compte qu'en

imposant à son enfant une séparation trop longue d'avec sa mère, il devient lui-même un intrus, il bascule du familier à l'étranger inquiétant : il détériore la relation qu'il a avec son enfant. Comment convaincre les pères du bénéfice qu'ils tireront s'ils parviennent à attendre, ce qui ne signifie pas s'effacer ? Ils auront toute leur place de père un peu plus tard, et elle sera d'autant plus appréciée par leur enfant qu'elle ne sera pas grevée par un passif insécurisant.

L'enfant enfin, car les nourrissons à propos desquels les mères viennent demander conseil au psychologue ou au pédopsychiatre sont dans un état inquiétant : apparition d'angoisses d'abandon qui n'existaient pas auparavant, d'un sentiment d'insécurité et même de moments dépressifs. Ces enfants ne supportent plus l'éloignement de leur mère et demandent à être en permanence en contact avec elle. Ils ont parfois tendance à se replier sur eux-mêmes ou au contraire à faire preuve d'agressivité.

Les auteurs spécialistes des problèmes liés aux séparations précoces indiquent que lorsque le processus d'attachement d'un bébé à sa mère est interrompu trop longtemps ou avec régularité, l'insécurité et les angoisses pathologiques qui en découlent s'installent de manière durable pour le restant de l'existence. Elle se retrouvent même à l'adolescence et à l'âge adulte.

Si un minimum de précautions n'est pas respecté dans l'application de la loi du 4 mars 2002 (comme cela semble être malheureusement le cas en ce moment), nous risquons donc de créer des maladies « expérimentales » chez l'enfant, dont les conséquences pourraient apparaître d'ici quelques années. Trop souvent, ce texte est dévoyé de son intention initiale qui était de permettre à un enfant de maintenir des relations personnelles régulières avec ses deux parents. Reste donc aux parents (et aux juges, mais, en l'occurrence, nous ne pouvons pas grand-chose) à essayer d'utiliser cette loi intelligemment, dans le seul intérêt de leur enfant, et de ne pas en faire un outil de pression ou de vengeance sur l'ex-conjoint.

La garde alternée, la solution miracle pour les plus grands ?

Revenons un instant sur ce mode de garde partagée, qui nous paraît, rappelons-le, inadapté avant 6 ans. Serait-il la panacée, la solution miracle pour les enfants plus grands ? Évidemment, pas question de faire des généralités. Chaque enfant y trouvera ou non son équilibre, en fonction de son histoire, de celle de ses parents, des conditions dans lesquelles se passe cette garde.

Notons au passage que si le discrédit a été jeté sur ce mode de garde voici quelques années, sans argument scientifique vraiment fondé, il n'en va plus de même aujourd'hui. Les travaux récents sont beaucoup plus nuancés. Si le contexte relationnel entre les parents est favorable, l'enfant peut plus profiter de son père et *vice versa*.

Certains enfants sont très satisfaits de ce dispositif : ils ne se sentent pas écartelés, obligés de choisir entre l'un et l'autre des parents. Comme ce petit garçon de 8 ans confiant à sa maman : « Maintenant, je ne suis plus triste de laisser papa le dimanche soir, je sais qu'il n'est pas malheureux de nous rendre car il a bien profité de nous pendant une semaine. » Ou encore : « Maintenant, papa, il connaît le nom de mon institutrice et de mes copains de classe. On a des choses à se raconter. »

D'autres sont moins enthousiastes et ressentent le syndrome de l'« enfant valise ». Ils disent alors : « C'est comme si je ne m'appartenais pas à moi-même, comme si j'étais transféré d'une place à l'autre. » Ou bien : « C'est ce qui pouvait m'arriver de mieux dans le pire. » On le voit, le tableau est rarement ou tout blanc ou tout noir.

Pour donner toutes les chances de réussir à ce système de garde, certaines conditions minimales doivent être respectées. D'abord, bien sûr, la proximité géographique pour que l'enfant puisse fréquenter la même école. Il faut donc être prêt à ce que son ex-conjoint habite le même quartier, se fournisse peut-être à la même boulangerie... D'une manière générale, il faut se sentir capable d'entretenir une relation normale et sereine avec l'autre parent pour pouvoir parler ensemble de l'enfant, de son éducation, de la réunion de parents ou de l'invitation chez un petit copain qui tombe sur la semaine de l'autre. L'organisation matérielle est parfois très lourde : les oublis d'affaires entre les deux maisons sont fréquents et il faut se retenir d'en faire un drame.

Les contacts, les rencontres avec l'autre parent sont beaucoup plus nombreux que dans un système de garde traditionnel. Et, si le deuil de la relation d'avant n'est pas complètement fait, les blessures risquent de se rouvrir... Le non-dénigrement de l'autre parent est évidemment aussi une condition *sine qua non*, faute de quoi l'enfant en souffrirait gravement.

Reste enfin à évoquer l'aspect financier, loin d'être anecdotique. Le plus souvent, ce mode de garde égalitaire entraîne la disparition de la pension alimentaire puisque le père reçoit les enfants à mi-temps. Or les charges ne baissent pas énormément car il faut garder un logement assez grand pour accueillir ses enfants une semaine sur deux... et le chauffer même quand les enfants n'y sont pas ! De plus, il est nécessaire d'avoir le maximum d'affaires en double pour éviter les transferts de valise. On le voit, il est impératif de bien réfléchir avant de prendre la décision d'une garde alternée. Pourtant, quand elle est réussie, elle peut devenir une vraie richesse. Non seulement pour les enfants, mais aussi pour les parents qui disposeront de temps pour eux, pour avoir une vie privée plus libre. Nous parlons ici essentiellement pour les mamans qu'un système de garde traditionnel condamne à courir en permanence, à tout assumer. À condition, bien sûr, de ne pas se morfondre la semaine où les enfants sont chez l'« autre » et d'être capable de vivre pour soi, en dehors de ses enfants...

□ Le cas de Maurice Berger : Raphaël

Les parents de Raphaël, 12 ans, ont divorcé lorsqu'il avait 4 ans et demi. Depuis, il est hébergé en garde alternée, 15 jours chez l'un, 15 jours chez l'autre. Chacun de ses parents a recréé un couple de son côté. Tous deux sont inquiets pour leur fils et viennent consulter ensemble pour le problème suivant : Raphaël ne se sent pas bien au moment du changement de résidence. Pendant deux jours, il pleure chez son père parce qu'il a quitté sa mère et réciproquement, il est pétrifié, a des douleurs abdominales, un teint blafard, l'air soucieux. Si un parent lui offre un cadeau, il se demande ce que va penser l'autre. Pour moins souffrir, il aimerait aller vivre en terrain neutre chez son frère aîné qui habite à cinq cents kilomètres. Il pense que son père et sa mère sont tristes sans lui.
Raphaël m'explique qu'il tient en permanence un compte des jours qu'il passe chez chacun de ses parents pour être certain qu'il ne séjourne pas un jour de plus chez l'un. Il est devenu peu à peu incapable de faire des choix, hésitant en permanence entre deux possibilités. Ainsi, s'il veut acheter un CD précis dans un magasin, il échoue le plus souvent car il compare immédiatement avec un autre CD et ne peut pas se décider.
Ce n'est pas le dispositif de la résidence alternée qui est en cause ici, mais la structure psychique de Raphaël. Pour lui, aimer un parent est équivalent à moins aimer l'autre. M. D. indique qu'il est prêt à accepter que la résidence principale de son fils soit chez sa mère afin de diminuer le sentiment de tiraillement insupportable que ressent son enfant. Mais ce père ajoute qu'il sera alors gêné de ne plus pouvoir contrôler les devoirs de Raphaël. En effet, la situation est compliquée par le fait que les parents ont des

conceptions éducatives différentes. M. D. soumet Raphaël à un forçage dans les apprentissages, ce qui étaye scolairement son fils mais qui est excessif. Pendant les 15 jours où il en a la garde, il lui fait réviser sans cesse ce qu'il est supposé avoir appris pendant les 15 jours précédents et le fait s'avancer dans son travail. Et Mme D. laisse plus d'autonomie à son fils pour qu'il souffle après les exigences excessives de son père, mais du fait de son incapacité à décider, Raphaël ne travaille alors que peu seul.
Il est important pour Raphaël de constater que ses deux parents sont finalement d'accord pour un essai de résidence principale chez Mme D. Il est soulagé par ce cadre qui diminue son sentiment de culpabilité permanente. Le choix a été fait par les adultes à sa place, et il se sent beaucoup moins triste lorsqu'il va chez son père un week-end sur deux et au retour. Mais les problèmes scolaires persistent malgré ce mieux-être, et Raphaël, qui avait 13/20 en début d'année, redouble sa 5e. Il est difficile d'aborder ses problèmes car il fait preuve d'autant d'inertie dans les entretiens qu'au collège. Ce qui semble présent, derrière cette passivité, c'est une forte colère qui explose un jour où il casse une cloison à coups de poing pour manifester contre l'excès de pression de son père. Dans un mouvement de symétrie, il s'oppose à sa mère en lui désobéissant. Mais on a le sentiment qu'à force de s'être créé l'obligation de maintenir une égalité absolue, il utilise depuis longtemps toute son énergie pour maintenir une symétrie, et il n'a pu mettre en lui aucune image interne de ses parents, image à laquelle il puisse s'identifier tranquillement et sur laquelle il puisse s'étayer.

Ne rien figer

La meilleure attitude quant au mode de garde consiste sans doute à rester souple, à être à l'écoute des signaux que notre enfant peut nous envoyer ou à ses demandes explicites. S'adapter à ses besoins doit toujours rester le maître mot. Prenons l'exemple très typique des adolescents. À cette période de la vie, il arrive souvent qu'un jeune ait envie de passer plus de temps avec le parent du même sexe. Lors de cette phase d'identification sexuée, telle jeune fille sera peut-être plus à l'aise chez sa mère pour vivre les modifications de son corps, lui demander des conseils sur la façon de s'habiller et de se maquiller. Tel garçon préférera être chez son père pour discuter sport avec lui ou faire de la moto dans sa maison de campagne.

Il sera alors peut-être nécessaire de revoir le système de garde pratiqué jusque-là. Moment difficile, car le parent momentanément délaissé pourra croire qu'il a démérité ou verra là une basse manœuvre de l'ex-conjoint. L'intervention du juge n'est pas indispensable (on peut se mettre d'accord entre parents pour faire évoluer le mode de garde), mais sera peut-être la seule voie si un compromis n'est pas trouvé. La judiciarisation du conflit ne sera bien sûr pas sans conséquence pour l'adolescent qui se trouvera au cœur d'un conflit dont il se sentira responsable, pour ne pas dire coupable.

Enfin, quel que soit le mode de garde pratiqué, il importe de ne jamais oublier une chose : pour un enfant, le passage d'une maison à l'autre n'est jamais simple. Cela ne correspond pas seulement à un changement de lieu. Cela veut aussi dire laisser derrière soi l'un des deux parents, peut-être avec sa tristesse même s'il cherche à la dissimuler ; quitter un demi-frère ou une demi-sœur ; passer d'un système éducatif à un autre. Pour encaisser tout cela, il faut un peu de temps, un petit sas de décompression. Alors acceptez que votre enfant soit peut-être un peu tendu ou pénible, agressif ou secret durant quelques heures ou même une journée ou deux quand il rentre de chez l'autre parent. Ce n'est pas forcément qu'il ait été malheureux là bas ou qu'il soit contrarié de revenir chez vous.

❑ Le cas de Maurice Berger : Élise

Jocelyne, 24 ans, vient en consultation pour me demander comment aider sa fille Élise, âgée de 10 mois, dans la situation suivante : quand Élise est née, ses parents étaient déjà séparés. À la naissance, c'est Jocelyne, la mère, qui contacte le père, M. S., car elle pense qu'il est important que sa fille ait des liens réguliers avec son père. Ce dernier, poussé semble-t-il par son propre père qui exerce une forte emprise sur lui, demande au juge un temps de garde de plus en plus important. Lorsqu'Élise a 9 mois, il la prend un week-end sur deux du samedi 10 h 00 au dimanche 18 h 00, et tous les mardis de 16 h 30 à 20 h 00. Au retour du premier week-end, Élise verse des pleurs qui ressemblent à des pleurs de panique et qui durent plusieurs heures. Quinze jours plus tard, tenant compte de ce problème, le père ne l'accueille que le samedi, mais elle revient quand même angoissée. Deux semaines plus tard, M. S. la reprend un week-end complet. Quand Élise revient, elle a des difficultés à s'endormir. Face à ces signes de malaise chez son bébé, la mère, dans une attitude non polémique, souhaite éviter que son enfant passe le week-end entier chez son père. J'envoie un courrier à M. S. soulignant l'aspect positif de l'investissement qu'il a de sa fille, mais aussi les troubles qu'elle présente dans la situation actuelle, et l'invite à venir me rencontrer pour discuter de ce problème. Je l'assure de mon objectivité par rapport aux deux parents, mon point de vue étant uniquement celui d'un spécialiste du développement psychologique du nourrisson. Je lui indique aussi ma conviction que des aménagements temporaires valent la peine. M. S. répond en gros à Jocelyne qu'il est le père, un point c'est tout, et refuse totalement tout changement, s'appuyant sur l'ordonnance du juge qui lui accorde par ailleurs la moitié des vacances scolaires. Il réussit ensuite à obtenir que le week-end où il a la garde de sa fille débute le vendredi soir.

Lorsque ce père vient chercher sa fille, il n'échange aucune parole avec la mère à qui il est impossible de savoir ce qu'Élise fait chez lui. Il ne permet aucun lien entre les deux lieux de vie de l'enfant. Élise hurle tellement lorsque sa mère l'amène chez son père, puis boude et refuse de la regarder au retour, que les grands-parents maternels décident de protéger la relation que l'enfant a avec sa mère en assurant eux-mêmes les trajets. Élise leur fait payer cela en manifestant de l'indifférence lorsqu'elle les retrouve. Lorsque la grand-mère lui annonce que son père va venir la chercher, Élise crie, manifeste son opposition, puis dès qu'elle arrive dans la voiture de M. S., elle se résigne et son regard devient vide. La mère se demande quand il faut prévenir sa fillette qu'elle va partir chez son père. Elle a constaté qu'il ne fallait pas le faire la veille, car l'événement est encore trop lointain et Élise est mal pendant trop de temps.

Lorsque le temps de garde du week-end est allongé à trois jours, par deux fois Élise revient en donnant le sentiment qu'elle a oublié les visages de certaines personnes qui lui étaient familières. Elle s'agrippe à sa mère pendant les deux jours qui suivent son retour. La mère remarque par ailleurs que sa fille est nettement en avance par rapport à ses cousins et cousines du même âge, et pense que cela a peut-être un lien avec le fait qu'elle a des soucis et que ce n'est pas forcément un bon signe (une telle avance dans un tel contexte montre, en effet, que l'enfant est soumis à un « impératif de prématuration » psychique (M. Fain), c'est-à-dire à la nécessité de comprendre une situation complexe plus rapidement que son rythme de développement ne le permet, de tenter de s'y adapter, et d'être très vite indépendant des adultes).

Je revois Élise à 16 mois, en présence de sa mère, pour essayer d'atténuer l'effet des absences. J'essaie de faire un jeu avec elle où il y a deux chevaux et un enfant cheval. Les grands chevaux représentent le papa et la maman et sont chacun dans une maison différente matérialisée par des barrières. Je joue alors les sentiments de colère, d'incompréhension et de tristesse que le bébé cheval éprouve lorsqu'il passe de chez l'un à chez l'autre, et le sentiment d'inquiétude quand il constate que les murs changent, son lit aussi. J'évoque sa peur d'être oubliée et d'oublier l'autre en dessinant des visages qui s'estompent. Je conseille ensuite à la mère et à la grand-mère de nommer les sentiments qu'Élise ressent : colère, tristesse, impression de ne pas pouvoir maîtriser ce qui lui arrive. C'est difficile à mettre en mots avec une enfant qui a 16 mois et qui ne comprend pas tout, mais c'est essentiel car cette enfant ressentira ainsi que ses émotions sont partagées, ce qui est important pour son développement psychique ultérieur. Il est probable que cela créera une différence entre deux mondes, le monde maternel où les affects peuvent être nommés et partagés,

le monde paternel où certaines choses ne peuvent pas être évoquées.
Mon intervention sera de peu d'efficacité. Après un temps de garde de neuf jours (la moitié des vacances scolaires plus un week-end), Élise reviendra extrêmement angoissée, hagarde, du séjour prolongé chez son père. Elle mettra plusieurs jours à s'en remettre.
Lors de son départ pour un mois en juillet à l'âge de 19 mois, Élise hurle d'une manière déchirante. Les grands-parents disent n'avoir jamais entendu un enfant exprimer un tel désespoir.
Il est probable que chaque séparation, dans la mesure où sa durée est inadaptée, rend encore plus traumatique la survenue de la suivante. Élise ne peut donc que les supporter de plus en plus mal. On ne sait pas ce qui se passe chez son père, mais il est possible que cela ne se passe pas mal en surface. En effet, un enfant de cet âge dépend tellement des adultes qu'il n'a pas d'autre choix que de leur sourire, de se couper de ses sentiments, et il ne peut que penser qu'il les aime car il serait trop angoissant pour lui de constater qu'il dépend totalement de personnes qu'il n'aime pas. Le risque est que cette enfant se constitue ainsi une personnalité en faux-self, c'est-à-dire capable de s'adapter à n'importe quelle situation et de faire en sorte de plaire à autrui au détriment de ses sentiments profonds. Un autre danger est qu'au contraire Élise développe un besoin de maîtrise exacerbée sur les autres plus tard, ne supportant pas de se voir imposer quoi que ce soit. La qualité remarquable de l'attention maternelle ne suffit pas à compenser ces traumatismes répétitifs. Qu'elle le veuille ou non, Jocelyne apparaît aux yeux de son enfant comme complice du père dans cette situation. Faut-il mettre en place un dispositif de soins réguliers pour soigner un trouble créé par un jugement inadéquat ? Peut-être, mais cela est en soi aberrant, ce ne sera pas forcément efficace, et jusqu'où le thérapeute ne sera-t-il pas ressenti lui aussi comme complice ? Un enfant de cet âge ne peut pas comprendre ce qu'est une décision judiciaire et démêler les rôles de chacun.

11

Mon père ou ma mère refait sa vie

Faire entrer un beau-père ou une belle-mère dans la vie de son enfant n'est pas chose anodine. Cela demande certaines précautions car cela sera forcément un choc à dépasser. En tout premier lieu, psychique : l'enfant doit désormais composer avec l'image d'un parent qui peut soudain devenir trop sexuelle à ses yeux.

Refaire sa vie. Le grand mot est lâché... Il est non seulement au cœur des préoccupations de bon nombre de divorcés mais correspond à une réalité statistique. D'après certaines enquêtes, on a une chance sur deux de reformer un couple dans les cinq ans qui suivent la séparation quand elle est intervenue à moins de 35 ans. À plus de 45 ans, les chiffres tombent à 5 %[1]. À ce petit jeu de la recomposition, les hommes sont beaucoup mieux lotis que les femmes : ils ont 23 % de chances de plus qu'elles de revivre en couple. Et le fait d'être mère d'un enfant de moins de 10 ans au moment de la rupture diminue de 7 % la probabilité de retrouver un conjoint[2].

---

1. D'après l'étude de Claude Martin, sociologue au C.N.R.S. et auteur de *L'Après-divorce, lien familial et vulnérabilité.*
2. D'après le bulletin I.N.S.E.E. Première n° 797, intitulé « Refaire sa vie de couple est plus fréquent pour les hommes ».

Mais on ne saurait réduire cette grande aventure qu'est la construction d'une nouvelle relation amoureuse après un divorce à quelques chiffres... Ce qui nous intéresse en l'occurrence, comme cela a été le cas tout au long de cet ouvrage, c'est l'enfant. Comment va-t-il vivre l'arrivée de l'« amoureux de maman » ou de l'« amoureuse de papa » dans son existence ?

Confusion des rôles

Un argument souvent développé consiste à encourager les pères et les mères à refaire leur vie après une séparation, notamment pour le bien de leur enfant. Ce dernier préférerait un parent heureux et amoureux, qu'un parent solitaire et donc pas forcément très bien sans sa peau. Certes, c'est en partie vrai... mais aussi un peu rapide et réducteur. L'arrivée d'un tiers dans la relation parent-enfant ne pourra se faire sans quelques tiraillements. Sans doute encore davantage quand c'est la mère qui se remarie, son lien avec ses enfants étant souvent plus proche et plus charnel, laissant donc moins de place à un autre, un étranger.

D'où vont donc venir les difficultés ? En tout premier lieu de causes psychiques, qui ne tiennent même pas à la personnalité du nouvel arrivant. Depuis sa naissance, l'enfant a eu à mener un travail de fond : réussir à faire cohabiter dans son esprit le parent tendre et le parent sexuel. L'idée est en effet assez dure à admettre que c'est le même parent qui le prend sur ses genoux en le câlinant tendrement mais qui a aussi fait l'amour pour le « fabriquer »... et continue d'ailleurs de le faire après. Pour lui, il y a là une forme d'incompatibilité.

Et l'enfant dépense énormément d'énergie à refouler l'idée du parent sexuel qui le met mal à l'aise et le gêne.

Cette mise à distance d'un papa amant et d'une maman amante est d'ailleurs indispensable au bon équilibre de l'enfant : elle lui permet de se protéger lui-même de ses propres mouvements pulsionnels, de ne pas se laisser envahir par des excitations qu'il ne peut encore contenir.

Quand les parents vivent ensemble, l'enfant n'a pas trop de mal à relever ce défi. Pour ne pas être envahi par des idées trop sexuelles en présence du couple parental, il met en place une pensée particulière : pour lui, ses parents sont « des amoureux pas comme les autres ». Ainsi, il peut ricaner en voyant des amoureux s'embrasser sur des bancs publics, et chasser l'idée que son père et sa mère peuvent faire pareil le soir après qu'il s'est endormi. Et c'est le rôle des parents de ne montrer en famille que des échanges tendres (et de refouler, de leur côté aussi, les pensées sexuelles concernant leur enfant). Mais quand l'un des deux parents ramène un amoureux ou une amoureuse après une séparation, tout se complique...

Subitement, ce parent séducteur et séduit, vivant sous ses yeux une histoire d'amour, devient trop sexuel. Et là, toutes les questions, que l'enfant tentait péniblement de refouler depuis des années, l'assaillent dans un contexte pas du tout sécurisant puisqu'il ne s'agit plus du couple parental qui lui a donné la vie. Ces deux-là doivent bien faire l'amour, pressent-il. Voilà qui est plutôt inquiétant. Il se retrouve confronté au sexe à l'état pur, c'est-à-dire sans que la fonction parentale tendre vienne contenir cette excitation violente.

Voilà pourquoi il est très important de prendre son temps avant de présenter un nouveau partenaire à son enfant et de le faire entrer dans sa vie. On ne devrait prendre cette initiative que si on a la volonté de construire avec cette personne une vraie relation stable, ce qui signifie que la tendresse est présente dans cet amour. Sinon, il est traumatique pour un enfant de voir défiler les amants et maîtresses de ses parents. C'est alors une image trop sexuée du père ou de la mère qui s'impose, dégradant par là même l'image parentale. Un père ou une mère qui collectionne les conquêtes et en fait profiter ses enfants se saborde en tant que parent. Dommage pour tout le monde...

Le rituel de la présentation

Mais comment présenter le nouvel élu à son enfant ? En ne le mettant jamais devant le fait accompli, c'est une règle d'or. Dire à son enfant qu'une « copine » ou qu'un « copain » va venir passer le week-end, sans s'étendre davantage sur le sujet, et le laisser découvrir alors que son parent et cette personne se tiennent par la main, s'embrassent sur la bouche et dorment dans le même lit, est extrêmement violent. L'enfant peut le vivre comme une véritable trahison. Il importe absolument de lui en parler avant, à plusieurs reprises, pour en faire déjà une personne un peu familière et le préparer à cette rencontre.

D'un autre côté, il n'est pas question non plus de demander son avis à l'enfant. Est-ce que cela te plairait de voir mon nouvel amoureux ou ma nouvelle amoureuse ? Non, ce n'est pas à l'enfant de diriger la vie affective et sexuelle de ses parents. Ce serait d'ailleurs le mettre dans une position d'omnipotence très pesante et nocive. On prévient l'enfant, mais on ne lui laisse pas le choix. C'est la personne que son parent a choisie et, à ce titre, elle va entrer dans sa vie à lui.

Bien sûr, rien ne dit que cette première confrontation sera réussie. Il y a même de fortes chances pour que le nouvel arrivant, malgré ses grands sourires, peut-être même ses cadeaux et sa profonde volonté de se faire admettre, soit pris pour un intrus et traité comme tel. Après tout, dans la tête de l'enfant, c'est un voleur de papa ou de maman. C'est aussi celui qui prend la place du parent qui n'est pas là et lui fait peut-être de la peine : lui montrer des signes d'affection serait trahir son père ou sa mère. Pis encore, il est souvent considéré comme l'empêcheur d'« œdiper » tranquille ! Telle petite fille, qui s'était bien imaginée en digne successeur de sa maman auprès du papa, verra d'un très mauvais œil cette rivale sortie d'on ne sait où. Même combat pour le petit garçon et le futur beau-père.

Tout enfant de parents divorcés porte en lui un passé douloureux, une blessure encore plus ou moins à vif, le poids de l'échec du couple parental. Normal dès lors qu'il ne soit pas forcément très aimable avec celui ou celle qui vient lui rappeler tout ça. Résultat : le beau-parent débarque dans un espace plus que réduit, pour ne pas dire inexistant...

Le rôle ingrat de beau-parent

Il est pourtant bien clair qu'on ne peut laisser un enfant trop s'immiscer dans la vie privée de l'adulte et mettre en péril, par son comportement agressif, la nouvelle relation que l'on cherche à construire. Pas question donc de renoncer parce que le courant semble mal passer entre son enfant et son amoureux ! Mais il existe sans doute des erreurs à ne pas commettre pour faciliter l'intégration du beau-père ou de la belle-mère.

Un nouveau conjoint qui arriverait avec la ferme intention de ne pas entrer dans une escalade de la violence et la réelle volonté de désamorcer les provocations, mettrait toutes les chances de son côté. Certaines paroles peuvent s'avérer particulièrement libératrices. On peut dire à un enfant, non pas d'emblée comme une recette, mais au moment qui semble le plus propice : « Je sais que mon arrivée est compliquée pour toi. De mon côté, j'ai plutôt envie de t'aimer car tu es l'enfant de la personne que j'aime. Mais toi, tu n'es pas forcé de m'aimer. Je ne suis pas de ta famille. Je ne suis pas ton père (ou ta mère). » Ainsi libéré d'une « obligation d'amour », l'enfant sera soulagé d'un poids.

Il est vrai que le rôle de beau-parent est particulièrement ingrat à tenir dans notre société (et il concerne actuellement plus d'un million de personnes en France).

La principale erreur serait donc de vouloir jouer la carte de l'autorité : ce serait l'échec assuré. Un beau-parent qui se mêle de trop près de l'éducation de son bel-enfant risque de courir au désastre ! Il n'a aucune légitimité pour cela, n'a aucun droit éducatif sur l'enfant de l'autre : cela reste et restera du ressort des parents biologiques. À chacune de ses interventions, il peut s'entendre dire : « Tu n'es pas mon père (ou ma mère), donc tu n'as pas à me commander. » Mais attention, cela ne veut pas dire non plus qu'il doive se laisser malmener par cet enfant. Il a droit à son respect, au même titre que n'importe quel adulte, ami de la famille par exemple, et il a bien sûr le droit et le devoir d'empêcher l'enfant de se mettre en situation de danger physique.

La clé de la réussite de cette nouvelle relation triangulaire passe sans doute par un dialogue approfondi entre les conjoints : quel est le « minimum syndical » que le nouveau compagnon ou la nouvelle compagne est en droit d'exiger de l'enfant de l'autre ? qu'est-il prêt à accepter ou non ? Si les deux adultes sont précisément d'accord entre eux sur cette base-là, cela pourra éviter des conflits inutiles dont l'enfant serait la cause. Certains conjoints (précieux) acceptent facilement l'idée que cet homme ou cette femme qu'ils ont rencontré(e) reste avant tout un papa ou une maman. Par leur attitude mesurée, ils ne mettent pas leur nouveau partenaire dans une situation de conflit ou de choix. Un enfant qui sent son père ou sa mère ainsi respecté dans sa fonction parentale entrera moins facilement dans un processus d'opposition, voire de haine, avec son beau-parent.

Peut-être ce dernier peut-il aussi essayer de s'inventer un rôle original, celui d'un adulte bienveillant. Quand son bel-enfant lui semble déraper et faire n'importe quoi, il peut très bien s'ouvrir à lui de ses inquiétudes : je ne suis pas ton père ou ta mère, mais cela m'ennuie que tu fasses cela, je pense que tu te trompes. L'enfant ne pourra qu'apprécier qu'on s'intéresse à lui, qu'on ne soit pas indifférent à sa vie, à ses actes. Pourquoi ne pas aussi lui transmettre des passions, des connaissances qui l'aideront à grandir, par le biais du sport, de discussions ou d'autres activités. Sur ce terreau des plaisirs partagés, se nouera peut-être une relation très riche... ou peut-être pas.

Et cet échec n'incombera pas forcément à l'enfant. On ne peut oublier que le nouvel amour de papa ou de maman arrive lui aussi avec son histoire, ses frustrations. Il peut très bien y avoir de l'agressivité – refoulée ou non – du côté du beau-parent, du fait de certaines projections.

En effet, l'enfant de l'autre est parfois vécu comme celui qu'il faut « effacer » parce qu'il est l'incarnation de l'amour passé du père ou de la mère pour une autre personne. Cet enfant-là ne sera jamais le prolongement du beau-parent, qui ne sera jamais le grand-père ou la grand-mère de ses petits-enfants ; il ne porte aucun trait physique ou morphologique commun avec lui. On ne lui reconnaît donc pas le moindre droit à l'erreur. Les histoires de Cendrillon ne sont pas seulement tirées de l'imaginaire, elles existent, malheureusement ! Mieux vaut être attentif à ce qu'elles ne se revivent pas sous son propre toit...

Le rôle de beau-parent est à ce point complexe que certains sociologues avancent régulièrement l'idée de créer une loi en faveur des beaux-parents pour les aider dans leur démarche. Une sorte de statut du beau-parent, en quelque sorte. Son contenu ? Diverses possibilités sont évoquées. L'une d'elles serait de déléguer aux beaux-parents le droit de faire pour leur bel-enfant certains actes de la vie courante (par exemple signer une autorisation pour une sortie à l'école). Ce serait une manière de reconnaître officiellement leur rôle sans le confondre avec les prérogatives parentales. Un débat de société qui montre en tout cas que les recompositions familiales sont devenues en quelques années un problème qui dépasse la sphère de l'intime.

Une « quasi-famille »

Parfois, le beau-parent n'arrive pas les mains vides : il amène dans son sillage ses propres enfants. Tous ces bambins, ceux de la mère, ceux du père, vont-ils faire bon ménage ? On ne peut pas le savoir à l'avance, tout simplement parce que la famille recomposée naît avec la recomposition. Elle n'a pas d'histoire ou de modèle éducatif communs (ils peuvent même être très antagonistes). Les enfants du père ont peut-être le droit de piocher dans le frigo à toute heure de la journée, alors que ceux de la mère ont interdiction de grignoter hors des repas. Un choc des cultures qui peut s'avérer explosif et qui explique que les familles mosaïques ont tout d'un volcan qui peut entrer en éruption à n'importe quel moment. Un peu comme deux peuples de cultures et de traditions différentes essayant de vivre ensemble sur le même territoire...

Mais d'un autre côté, une véritable alchimie peut se créer entre les enfants « des deux bords ». Une communauté d'esprit émerge parfois entre ces jeunes êtres qui ont tous vécu la souffrance de la séparation de leurs parents : savoir comment les autres ont surmonté ça les intéresse. Voilà qui peut instaurer des liens, voire atténuer certaines souffrances, et inciter à se considérer tous dans le même bateau.

L'attitude du couple recomposé sera bien sûr primordiale quant à la bonne entente de cette tribu. Elle devra reposer sur la justice, l'égalité de traitement des uns et des autres, le respect du territoire de chacun. Un enfant n'a pas forcément envie que ses quasi-frères et sœurs entrent dans sa chambre et se servent de ses affaires pendant qu'il n'est pas là... Des questions de jalousie vont bien sûr se poser. « Le fils de ta femme, il vit tout le temps avec toi, alors que je ne te vois qu'un week-end sur deux », pourra dire tel enfant à son père. Il importera alors de le rassurer sur sa place : « Je suis toujours ton père, et cet autre enfant n'est pas mon enfant. » Peut-être faudra-t-il veiller, malgré la recomposition, à accorder du temps à ses propres enfants, en tête à tête, rien que pour eux.

Reste à savoir si un enfant peut vivre, sans risque de s'y perdre, dans un tel groupe familial élargi, dont la géométrie est parfois compliquée. Face à ses quasi-grands-parents, quasi-oncles et tantes ou cousins qu'il sera peut-être amené à fréquenter, va-t-il s'y retrouver dans sa généalogie, dans sa lignée ? *A priori*, le danger n'est pas là. Les places familiales (celles des vrais parents et grands-parents par exemple) ne sont pas prenables et rarement source de confusion pour un enfant, même petit. Surtout si l'on prend garde de le resituer régulièrement dans sa famille, d'expliciter souvent la place de chacun.

Mais pour qu'il puisse profiter de ces nouvelles têtes comme d'une vraie richesse, comme d'un agrandissement de son horizon, faut-il encore que tous les conflits soient réglés et apaisés à l'intérieur de lui. Et ce n'est pas toujours le cas, comme on l'a vu, après une séparation... Tout au plus peut-on dire qu'une famille recomposée et élargie, au même titre d'ailleurs que les familles nombreuses d'autrefois, offre à l'enfant un cadre de socialisation plus vaste que la famille classique à deux enfants, et sensibilise peut-être à la vie de groupe (rien n'est certain, il ne s'agit que d'hypothèses).

Entre certains discours qui voient la famille recomposée comme la panacée et l'avenir de la famille, et ceux très alarmants qui n'y décèlent que danger et lieu de souffrance pour les enfants, il y a sans doute un chemin intermédiaire. Celui que chaque enfant trace en fonction de la personnalité de tous les protagonistes concernés, de sa propre histoire, de ses souffrances plus ou moins digérées.

Quand un bébé paraît

La naissance d'un demi-frère ou d'une demi-sœur sera bien sûr une étape importante pour un enfant. Va-t-il aimer ce bébé qui a le même père ou la même mère que lui, n'en sera-t-il pas trop jaloux ? Il est légitime de se poser toutes ces questions. En même temps, on peut aussi se dire qu'il ne vivra pas des choses fondamentalement différentes de ce qu'il aurait vécu ou a déjà vécu avec des frères et sœurs « sang pour sang » – du point de vue du lien fraternel, évidemment.

Arrêtons-nous un instant sur ce fameux lien fraternel. On a souvent tendance à le voir comme forcément marqué par le sceau de l'amour, éclairé que nous sommes par le mythe de la famille en or prétendant que des personnes du même sang doivent s'aimer. Rien n'est évidemment si simple. L'amour fraternel est souvent conflictuel – même si, heureusement, il est rarement mortifère comme le suggèrent de nombreux récits bibliques ou mythiques. Il est aussi très ambivalent, car un frère ou une sœur, c'est forcément un intrus, un être dérangeant qui vient gêner les relations que l'on entretient avec ses géniteurs. De la jalousie, de la rivalité, parfois même des accès de détestation ou de haine, des envies de meurtres, il y en a toujours entre frères et sœurs. De même bien sûr que de l'amour. Autant de choses que l'enfant expérimentera aussi bien avec un « vrai » frère qu'avec un demi-frère. Pourquoi cela serait-il différent ? Les mêmes pulsions sont en jeu dans un cas comme dans l'autre.

La différence pourra éventuellement résider dans l'attitude du parent et du beau-parent. Car qu'est-ce qui permet aux frères et sœurs de tisser amour et complicité, malgré la forte jalousie qui les anime ? Réponse : des parents qui ne soufflent pas sur les braises, qui ne font pas de préférences (même s'ils ne peuvent échapper à certaines différences de traitement), qui ne commettent pas d'injustice, qui donnent à chacun de leurs enfants le sentiment d'être parfois unique.

Or dans un couple recomposé, le contexte n'est pas toujours favorable à ce genre de comportement serein et équitable. Tel beau-parent qui avait investi son bel-enfant pourra totalement s'en désintéresser une fois qu'il aura son enfant à lui. Tel père ou telle mère laissera son conjoint faire des différences entre leur enfant et celui du lit précédent sans réagir. Tel enfant sentira qu'il n'a aucun espace pour laisser libre cours à sa légitime jalousie pour ce bébé et sera contraint de la porter en lui comme un coupable fardeau. De là à en déduire qu'il n'a pas sa place dans cette nouvelle famille, il n'y a qu'un pas... Évoquons aussi le cas de l'autre parent, l'« ex », qui rejette ce bébé en bloc, voit en lui une souffrance supplémentaire, le signe renouvelé de son propre échec ou de sa solitude si lui n'a pas « recomposé » de son côté. L'enfant pourra alors s'interdire d'aimer ce demi-frère ou sœur pour ne pas trahir son parent malheureux.

Bref, à l'occasion de la naissance d'un bébé dans une famille recomposée, il faudra être doublement attentif à la réaction des enfants déjà présents. Leur montrer qu'ils continuent à exister dans le cœur des parents, qu'ils ont toujours leur place entière, qu'ils ont le droit d'aimer ce bébé... mais aussi d'être jaloux de lui.

□ Le cas de Maurice Berger : Adèle

Les parents d'Adèle, 6 ans, ont divorcé et son père s'est remarié. Sa deuxième épouse est enceinte et Adèle manifeste son contentement à l'idée d'avoir un petit frère. L'accouchement a lieu. Mme E. éprouve des sentiments partagés. D'un côté, elle est à l'écoute de sa fille et elle respecte sa joie. D'un autre côté, elle ne peut pas s'empêcher de lui dire, dans un moment de colère, que le bébé n'est pas son frère mais son demi-frère. Mme E. explique clairement que, pour elle, l'annonce de cette naissance est très difficile à accepter : elle constate que son ex-mari a réussi à refaire sa vie alors qu'elle-même vient de vivre un échec sentimental avec un nouveau partenaire et reste seule.

Adèle est heureuse d'aller chez son père et de voir le bébé, même si elle constate que son père et sa belle-mère lui accordent moins d'attention. Elle se montre très obéissante car, dit-elle, elle ne veut pas décevoir son père, d'autant plus qu'il vient d'avoir un garçon. À travers cette phrase, Adèle montre que la situation est compliquée pour elle. Elle est contente d'avoir un frère et elle a envie de s'en occuper comme si elle était une petite maman, ce qui est normal. Mais il est probable que, comme tout enfant, elle éprouve certains sentiments de jalousie face à l'arrivée d'un nouvel enfant, et face à la joie de son père d'avoir un garçon. Ces sentiments, elle ne se permet pas de les exprimer parce que sa relation avec sa belle-mère est fragile. Elle n'a pas de contrat narcissique avec cette femme, c'est-à-dire de lien d'amour inconditionnel, fond sur lequel peuvent se jouer des mouvements d'agressivité, de colère. Elle est donc prudente.

Par ailleurs, elle est sensible à la souffrance de sa mère face à la naissance du demi-frère. Ainsi demande-t-elle à Mme E. d'avoir une fille pour qu'elle ait une petite sœur. On a le sentiment qu'en disant cela à sa mère, Adèle tente de la consoler. Mme E. répond avec justesse que tant qu'elle n'aura pas trouvé un homme qu'elle aime, cela ne sera pas possible.

12

Papi, mamie, j'ai besoin de vous

Parce qu'ils ne sont pas les premiers responsables de son éducation et qu'ils ont beaucoup d'amour à lui offrir, les grands-parents sont un élément indéniable d'équilibre pour un enfant. Encore plus quand ce dernier vit des événements douloureux et bouleversants. Bien sûr, il faut qu'ils soient capables de ne pas prendre parti devant lui dans le divorce de leur propre enfant.

Pris dans la tourmente de la séparation de ses parents, un enfant aurait bien besoin d'un lieu neutre et bienveillant, d'une sorte de havre de paix où il pourrait venir se reposer et puiser de la sérénité. Et, pourquoi pas, trouver une oreille attentive si l'envie lui prenait de se confier. Les grands-parents pourraient-ils jouer ce rôle ? *A priori* (dans l'idéal, serait-on même tenté de dire), ils disposent de nombreux atouts pour offrir ce cadre de tranquillité.

La relation entre un enfant et ses grands-parents est le plus souvent calme et facile (bien sûr, il existe des exceptions) car il n'y a pas d'enjeu. Même s'il peut leur arriver de devoir interdire, gronder, les grands-parents revivent essentiellement avec lui les émotions, les joies et l'amour qu'ils ont vécus avec leurs propres enfants. Parfois même, ils ont plus de temps libre pour cela qu'ils n'en ont eu lorsqu'ils ont été père et mère. Pour leur petit-enfant, ils retrouvent cette envie de donner de l'amour à foison. Dans *L'Art d'être grand-père*, Victor Hugo, forçant le trait, écrivait « Je n'ai plus d'autre affaire ici-bas que d'aimer. » Et : « L'adorable hasard d'être aïeul est tombé sur ma tête et m'a fait une douce fêlure. » Bel aveu ! À cela s'ajoute pour les grands-parents le plaisir de voir leur enfant être capable de bien s'occuper du sien, et de constater, dans cette sorte de continuité, ce qu'ils sont parvenus à transmettre.

De son côté, l'enfant n'a pas grand-chose à tester avec ses grands-parents : les jeux de provocation, de colère, de recherche des limites, d'identification-opposition, sont plus intéressants et plus vitaux à vivre avec les parents. Pour lui, un papi et une mamie sont en quelque sorte des grandes personnes idéales. Non seulement ils sont moins sévères, mais en plus ils sont disponibles pour jouer, se promener, raconter des histoires.

Et puis, ils connaissent le passé et le racontent, ancrant ainsi l'enfant dans une durée, dans son histoire familiale qui le renvoie à ses origines. Quoi de plus rassurant que cette continuité, ce sentiment d'appartenance à un groupe pour un enfant complètement déstabilisé, par la cassure d'un divorce, qui ne sait plus exactement où est sa famille et ce qu'elle devient ?

Enfin, et cette dimension est loin d'être négligeable dans un contexte souvent confus et à vif, les grands-parents sont désexualisés dans la tête de l'enfant, ce qui n'est pas le cas des parents. Il est rare qu'il imagine papi et mamie ayant des relations sexuelles. Le plus souvent, l'idée ne l'effleure même pas. Et c'est un bon point pour sa tranquillité intérieure. Voilà donc des piliers, sûrs et solides, sur lesquels il va pouvoir s'appuyer pour surmonter la crise qu'il traverse.

Terrain neutre

Mais pour que les grands-parents puissent fournir à leur petit-enfant cette aire de repos dont il a tant besoin, encore faut-il qu'ils soient capables de neutralité... et donc qu'ils se gardent de prendre parti devant lui dans le divorce de leur enfant et de son conjoint. Il serait, en effet, insupportable pour le petit-enfant en visite chez son papi et sa mamie d'entendre critiquer l'un de ses parents. Cela ne ferait que raviver sa douleur, et il n'a certainement pas besoin de ça. D'ailleurs, il le prendrait très mal et retirerait sans doute une partie de sa confiance à ses grands-parents.

Mais cette nécessaire neutralité n'a, hélas, rien d'évident... Et il est parfois bien difficile de résister à l'aveuglement dans lequel entraîne l'amour parental. Tout père, ou toute mère, qui voit souffrir son enfant, est tenté(e) de prendre fait et cause pour lui, même s'il (si elle) est adulte. Tout comme il (elle) le faisait jadis quand son bambin était pris dans une dispute à coups de pelle dans le bac à sable. Le lien parent-enfant évolue avec le temps, se distend, mais sa dimension narcissique et protectrice persiste toujours.

Un divorce est une telle cause de souffrance et de déchirure, que beaucoup de parents volent au secours de leur enfant immergé dans cette tempête pour panser ses blessures, l'entourer, le réconforter. D'ailleurs, ce rôle est tout à fait normal et légitime : ce sont eux les mieux placés pour l'assumer. Seulement pour être sûr de ne pas aller trop loin, de ne pas basculer dans une trop grande implication, il faut être capable de mettre de la distance par rapport à ses émotions, de s'imposer d'analyser sereinement la situation. Mon enfant souffre, je le console, mais je reste neutre, je ne le juge pas, ni lui, ni son conjoint, ni leur querelle (sauf en cas de faute grave). Je ne dispose pas de tous les éléments ni de l'objectivité nécessaires, telle devrait être la position des grands-parents.

Relations complexes

La réalité est souvent bien loin de ce vœu pieux. Car un divorce bouleverse toutes les données, au-delà du couple lui-même et de ses enfants. Il peut très bien venir raviver des conflits grands-parents/enfants que l'on croyait réglés et qui ne le sont manifestement pas.

Ainsi, on verra tel homme ou telle femme revenir s'installer chez ses parents suite à une séparation. Si cette solution reste temporaire, permettant à la personne meurtrie de rebondir, de se reconstruire en oubliant quelque temps les soucis matériels, pourquoi pas ? Si elle se prolonge longtemps, elle peut révéler dans certaines familles un lien de dépendance excessive. Comme si cet homme ou cette femme n'avait jamais réussi à poser son désir propre face à celui de ses parents. On assiste alors à une véritable reprise de pouvoir, les grands-parents s'octroyant souvent l'éducation de leur petit-enfant, dépossédant leur propre enfant de son rôle parental. À ce petit jeu, personne n'est gagnant, surtout pas le petit-enfant...

À l'opposé, un divorce peut aussi très bien aboutir au rejet d'un enfant par ses parents. Ils voient en lui le fils ou la fille indigne qui vient ternir l'honneur de la famille, jette sur elle la honte et touche à son identité du fait de cette séparation. Que vont penser nos voisins, nos amis, se disent ces parents... négligeant alors complètement les états d'âme de leur enfant. N'oublions pas que le contrat narcissique qui unit des parents à leur enfant fonctionne à double sens : je t'aime inconditionnellement, tu es mon prolongement...

mais il ne faut pas que tu deviennes un prolongement trop honteux !

Malgré tout, même si le divorce vient souffler sur les braises de rapports difficiles avec ses propres parents, il importe que le petit-enfant n'en fasse pas les frais et ne soit pas privé de son papi et de sa mamie. À la condition *sine qua non* qu'ils se gardent de toute critique, les grands-parents, on l'a vu, peuvent apporter de nombreuses richesses à leur jeune descendance. Le législateur en est d'ailleurs parfaitement conscient puisqu'un texte de loi prévoit un droit de visite aux grands-parents en cas de divorce. Mais en arriver à recourir à un juge dans un tel contexte ne peut être qu'une solution ultime.

□ Le cas de Maurice Berger : Lucie

La forme de souffrance que présente Lucie, 6 ans, est tellement liée au conflit explosif qui existe entre ses familles maternelle et paternelle qu'il est nécessaire de l'hospitaliser dans un service de pédopsychiatrie pour qu'elle soit dans un lieu neutre, totalement protégé, et qui l'aide à récupérer une capacité de réfléchir.
M. et Mme C. vivent ensemble, sans trop de problèmes semble-t-il, cela au prix de l'acceptation de l'emprise importante des parents de M. C. sur la vie du couple. Ainsi, la mère de M. C. a une procuration sur le compte bancaire du couple et elle obtient que son fils et sa belle-fille changent le prénom qu'ils ont choisi pour leur enfant afin de lui donner celui qu'elle désire. La venue de Lucie détruit ce fragile équilibre, au sens où cette grossesse exprime un désir propre au couple, et où cette naissance met M. et Mme C. à une place de père et mère, c'est-à-dire d'adultes ayant la responsabilité d'élever leur enfant. Cet accès du couple à la fonction de parents constitue une menace pour l'emprise que les grands-parents exercent. Ils réagissent d'une part en augmentant leur contrôle sur le couple – et sur Lucie qu'ils soumettent très vite à une importante pression éducative – et d'autre part en dénigrant leur belle-fille. M. C., qui n'a aucune autonomie de

pensée et qui est totalement sous la coupe de ses parents, adhère à leur discours : dès la naissance de Lucie, il considère que son épouse n'apporte pas suffisamment d'affection et de compréhension à leur fille. L'enfant devient un enjeu de possession entre Mme C. et ses beaux-parents. La suite est une succession de disputes. Lucie assiste à des échanges physiques et verbaux violents entre ses parents : ces derniers confirment même qu'à cette période, il leur arrivait de la tirer chacun par un bras pour l'« avoir ». Le couple finit par se séparer. Les grands-parents et le père se lancent dans une série de procédures judiciaires pour que leur soit attribué le droit d'hébergement.

Même si Mme C. a révélé des failles certaines dans sa personnalité en acceptant de se soumettre à ses beaux-parents, elle est plus sensible qu'eux à la souffrance de Lucie, qu'elle trouve malheureuse et anormalement agressive à l'égard des autres enfants, qu'elle mord fréquemment.

L'équipe de l'hôpital réalise rapidement que M. C. est incapable de préserver un moment seul avec sa fille lors des sorties. Il va immédiatement chez ses parents, lesquels ont par ailleurs un droit de visite pour eux comme les y autorise la loi. Il apparaît nécessaire de mettre en place des visites médiatisées pour protéger l'enfant de cette conflictualité permanente : M. et Mme C. ne rencontreront chacun leur enfant qu'à des jours différents, et en présence de deux membres de l'équipe. Il est décidé que M. C. viendra avec ses parents (ce n'est que beaucoup plus tard qu'on pourra envisager une visite médiatisée où il viendra seul voir sa fille). Ainsi est-il possible de diminuer l'impact de l'intrusion des grands-parents et, si besoin, de reprendre leurs paroles peu après la visite lors d'un entretien individuel avec Lucie.

Le déroulement des visites est impressionnant. Lorsqu'elle est en présence de ses grands-parents et de son père, Lucie n'évoque jamais sa mère, mais elle montre qu'elle est bien présente dans son esprit en apportant ostensiblement un objet offert par cette dernière. Si elle ose prononcer le nom de sa mère, son père et ses grands-parents déversent immédiatement leur hostilité envers Mme C. Inversement, Lucie apporte un objet offert par son père lorsqu'elle rencontre sa mère. Au cours de ces visites, chaque adulte oublie la souffrance de l'enfant.

Deux circonstances montrent à quel point Lucie est envahie par le conflit.
Un jour, dans la salle de bains du service hospitalier, elle est dans les bras de l'infirmière qui est responsable d'elle et à laquelle elle est attachée. Toutes deux se regardent dans le miroir. L'infirmière lui sourit et Lucie déclare alors qu'elle est une enfant méchante. Ainsi, au moment où elle a envie de sourire en réponse à l'infirmière, elle pense que si elle a une manifestation d'affection pour un personnage maternel, représenté ici par l'infirmière qui la câline, elle est méchante aux yeux de ses grands-parents et de son père.
Dans d'autres circonstances, lors d'une discussion qu'elle a avec un médecin du service, Lucie montre à quel point elle pense qu'elle doit se sacrifier volontairement, en attirant sur elle le conflit familial, afin d'éviter un affrontement trop violent entre les deux parties. Elle raconte ainsi des scénarios répétitifs dans lesquels elle explique que si elle se suicide, son père et sa mère pourront revivre ensemble puisque c'est sa présence qui est la source du conflit, ou encore, elle imagine que sa mère a une fourchette, son père et ses grands-parents des couteaux, et elle se met entre eux pour que tous la découpent comme un gâteau au lieu de s'entretuer.

Conclusion

Et plus tard ? Bien sûr, la question de savoir si le divorce laisse des traces durables dans la vie des enfants se pose. Il est clair que l'on reste un « enfant de divorcés » toute sa vie. Ainsi, chaque fois qu'auront lieu des grands événements rassemblant toute la famille – un mariage, la soutenance d'une thèse, etc. – se posera sans doute le problème d'inviter en même temps les deux parents séparés et éventuellement leurs nouveaux conjoints. Des situations souvent compliquées qui imposent même parfois des choix douloureux.

Mais aucune étude sérieuse ne permet de sombrer dans le pessimisme. Toutes celles qui affirment que les enfants issus de couples divorcés ont de moins bons résultats scolaires que les autres, qu'ils alimentent davantage que les autres les contingents de délinquants ou de toxicomanes, sont à prendre avec une extrême prudence. Elles souffrent toutes plus ou moins d'insuffisances ou de biais qui les rendent inexploitables.

Ce qui préoccupe beaucoup certains parents divorcés, c'est le spectre de la répétition. Privé d'un modèle de couple stable, leur enfant ne va-t-il pas reproduire l'échec sentimental de ses propres parents ? Même si les enfants du divorce portent en eux des cicatrices qui les ont fait souffrir à un moment de leur vie, nous considérons qu'il n'y a là aucune fatalité, un enfant n'est pas le clone psychologique de ses parents. L'affection qu'il a reçue d'eux lorsqu'ils étaient ensemble, puis de chacun d'eux séparément peut lui permettre plus tard de construire des relations solides et de bonne qualité avec son conjoint. Ce à quoi il faut ajouter que les images, les représentations qu'un enfant se forge dans ses premières années de vie, ne sont heureusement pas fixes et définitives. Elles évoluent dans le temps, se modifient en fonction de la personnalité de chacun, de ses ressources, des rencontres, des expériences qui adviennent au cours de son existence. Pour certains enfants même, ceux qui ont réussi à surmonter l'événement du divorce, le fait d'avoir été contraints à mûrir plus vite que les autres se révélera peut-être un jour une force...

Annexes

À propos de la garde alternée, voici une lettre du Pr Gérard Poussin, un des chercheurs ayant le plus travaillé sur cette question en France[1], adressée au Dr Maurice Berger :

Cher Monsieur,

Vous me demandez de préciser mes positions concernant la résidence alternée de l'enfant en cas de séparation ou de divorce des parents. Je me suis exprimé sur cette question dans différents média. Encore tout récemment je suis intervenu dans un débat télévisé sur France 3. Je vais donc tenter de résumer les points principaux de ces différentes interventions.

J'ai en effet été parmi les rares psychologues à ne pas faire chorus sur la prétendue nocivité de ce mode de résidence. Mais j'ai toujours précisé que cela impliquait des conditions particulières et que la résidence alternée, si elle n'était pas la calamité que certains ont prétendu, n'était pas non plus la solution à toutes les disputes autour de la résidence principale de l'enfant en cas de séparation des parents.

Les conditions que j'ai mises en avant sont en premier lieu de nature géographique. Ce mode de résidence nécessite de

1. Gérard Poussin, *La fonction parentale*, Dunod, 1999, p. 226-230.
Gérard Poussin et Élisabeth Martin-Lebrun, *Les enfants du divorce : psychologie de la séparation parentale*, Dunod, 1997, p. 156-160.

façon impérative que les parents n'habitent pas trop loin l'un de l'autre. Il faut en particulier que l'enfant puisse être dans la même école toute l'année sans avoir des temps de transport du domicile à l'école trop importants.

La seconde condition est le niveau du conflit parental. Les études sont un peu contradictoires. Certaines observent une baisse des retours devant le juge en cas de résidence alternée (Steinman et al., *1981) et de meilleures performances chez les enfants en résidence alternée (Shiller, 1986). Mais d'autres (Johnston* et al., *1989) montrent au contraire que les couples en résidence alternée imposée sont plus conflictuels que les autres. Comme toutes les études en revanche s'accordent à considérer que le niveau élevé de conflit est la cause principale des troubles chez les enfants, cela conduirait à conclure à ce que la résidence alternée ne soit prescrite qu'en cas d'accord minimal entre les parents sur le plan éducatif. De fait, Johnston* et al. *(1989) constatent que les enfants qui ont le plus de contacts avec les deux parents sont aussi les plus perturbés. Il est donc difficile de trancher sur ce point car il ne faut pas favoriser les situations qui occasionnent le plus de disputes en présence de l'enfant, mais il ne faudrait pas non plus donner une sorte de prime au parent qui attise le conflit en lui accordant l'hébergement principal. D'autant plus que les études montrent que dans ce cas le parent qui n'a plus que des droits de visite est en fait entravé dans ces droits et ne tarde pas à perdre tout contact avec l'enfant.*

La dernière condition est une condition d'âge de l'enfant. Je n'arrête pas de dire que la résidence alternée ne doit pas être une sorte de partage de l'enfant en deux parties égales. Ce mode de résidence doit permettre à l'enfant de ne pas rompre le contact avec l'un de ses parents et non à chaque parent d'avoir « sa part d'enfant ». Il faut donc le moduler en fonction des besoins de l'enfant. Lors du débat sur France 3 j'ai donné comme exemple le cas des nourrissons pour lesquels il est évident que la mise en place des mécanismes de l'attachement nécessite le respect du rythme particulier de l'enfant. Je ne peux qu'insister sur ce dernier point pour dire :

1. que la fonction de l'attachement est primordiale pour le développement harmonieux de l'enfant,

2. que cette fonction doit tenir compte des données chronopsychologiques qui établissent qu'un enfant très jeune ne perçoit pas le temps comme un enfant plus âgé.

Je n'ai pas le temps de développer ce point, mais je le résumerai en disant qu'un nourrisson ne peut sans dommage être séparé de sa figure d'attachement plus d'une journée (ce qui est déjà beaucoup). Je m'autorise à affirmer ce dernier point non en fonction d'études contrôlées, comme dans les points précédents, mais en fonction de ce que nous avons pu maintes fois constater à La Passerelle[1]*. À ma connaissance, il n'existe pas en effet d'études sur les nourrissons en résidence alternée. On remarquera par exemple que l'étude de Shiller (déjà citée) précise que l'auteur a travaillé sur des enfants « en période de latence*[2] *».*

J'ai tenté d'être clair et précis dans ma réponse. Elle est conforme à toutes mes précédentes déclarations et à mes différents écrits. Je ne sais que dire de plus.

Croyez, cher Monsieur, en l'expression de mes sentiments les plus cordiaux.

G. Poussin

P.S. : Principales références utilisées

Johnston J.R. et al., *« Ongoing postdivorce conflict : Effect on Children of joint custody and Frequent Access »*, American Journal of Orthopsychiatry, *1989, 59 (4), 576-592.*

Steinman S. et al., *« A study of parents who sought joint*

1. Lieu de médiation.
2. De plus de 6 ans.

custody following divorce : Who reaches agreement and sustains joint custody and who returns to court », Journal of the American Academy of Child Psychiatry, *1985, 24, 545-554.*

Shiller W.M., « Joint versus maternal physical custody for families with latency age boys : parents characteristics and Child adjustment », American Journal of Orthopsychiatry, *1986, 56, 486-489.*

Pour les références scientifiques concernant la garde des bébés et des enfants petits, on peut consulter l'article du Dr Maurice Berger sur le site Internet : http ://perso.wanadoo.fr/maurice.berger.

Table des matières

Avant-propos de Maurice Berger 9
Introduction 13

1. Je ne suis même pas soulagé 15
La mémoire courte 16
Tout sauf un divorce ? 17
La dispute : une lame de fond 21
Halte à la haine 22
Le cas de Maurice Berger : Antoine 23

2. Je suis malheureux 25
Les origines en cause 26
Nostalgie, nostalgie 28
La force du déni 30
Les mots pour le dire 32
Le cas de Maurice Berger : Charles 33

3. C'est de ma faute 35
Quand l'enfant paraît... et que le couple se défait 37
Circonstances aggravantes ? 39

Proclamez-le non coupable 40
Le cas de Maurice Berger : un bébé gâcheur 40

4. J'ai peur 43
Le quotidien chamboulé 43
Qui va nous protéger ? 45
Écartelé entre deux pôles 47
Peur de l'abandon, un faux problème ? 48
Le cas de Maurice Berger : Julie 50

5. J'ai honte 51
Touché dans son intimité 52
Honte du divorce, pas de ses parents 54
Le cas de Maurice Berger : Théo 56

6. Je suis en colère 57
Saine colère 57
Entre indulgence et limites 58
Les raisons de la colère 60
Houleux retour 62
Le cas de Maurice Berger : Edgar 63

7. Je suis perdu 67
De l'Œdipe à la latence 67
Le cas de Maurice Berger : Chiara 69
Terrain miné 70
Feu d'artifice ! 72
Et plus tard ? 73
Le cas de Maurice Berger : Juan 75
Aux abonnés absents 76
Le cas de Maurice Berger : Léa 77

8. Je voudrais les sauver 81
Légitime tristesse 81
Terrorisme avec prise d'otage 83
Le cas de Maurice Berger : Pierre et Marine 85
Piège infernal 87
Garde-fous 87
Parents copains 88
Le cas de Maurice Berger : Manon 90

9. Je vais mal 93
Quand le corps parle 94
Forcément mauvais élèves ? 95
Apprendre avec ses sentiments 96
Une pensée désorganisée 98
Le cas de Maurice Berger : Franz 100

10. Qui va me garder ? 103
Une société en mutation 104
Le cas de Maurice Berger : David 106
Le père n'est pas une mère comme les autres 108
Un père, c'est bon pour un bébé ! 111
Une garde sur mesure ? 113
Attention, danger ! 115
La garde alternée, la solution miracle pour les plus grands ? 117
Le cas de Maurice Berger : Raphaël 119
Ne rien figer 120
Le cas de Maurice Berger : Élise 121

11. Mon père ou ma mère refait sa vie 125
Confusion des rôles 126

Le rituel de la présentation 128
Le rôle ingrat de beau-parent 129
Une « quasi-famille » 132
Quand un bébé paraît 134
Le cas de Maurice Berger : Adèle 136

12. Papi, mamie, j'ai besoin de vous 137
Terrain neutre 139
Relations complexes 140
Le cas de Maurice Berger : Lucie 141

Conclusion 145

Annexes 147

OUVRAGES DE MAURICE BERGER

Les séparations parents-enfants à but thérapeutique ?,
Dunod, 1992

La folie cachée des hommes de pouvoir,
Albin Michel, 1993

Le travail thérapeutique avec la famille,
Dunod, 1995

Les troubles du développement cognitif,
Approche thérapeutique chez l'enfant et l'adolescent,
Dunod, 1996

L'enfant et la souffrance de la séparation :
divorce, adoption, placement,
Dunod, 1997

L'enfant instable,
Approche clinique et thérapeutique,
Dunod, 1999

DANS LA MÊME COLLECTION

Intelligent mais peut mieux faire
Jean-Luc AUBERT

Quels repères donner à nos enfants dans un monde déboussolé ?
Jean-Luc AUBERT

Du berceau à l'école – Les chemins de la réussite
Jean-Luc AUBERT

Sectes, gourous, etc. – Éviter aux ados de se laisser piéger
Dominique BITON

Petites terreurs ou souffre-douleur – La violence dans la vie de l'enfant
Stéphane BOURCET et Yves TYRODE

Petits tracas et gros soucis de 1 à 7 ans – Quoi dire, quoi faire
Christine BRUNET/Anne-Cécile SARFATI

Une famille, ça s'invente – Les atouts des parents, les atouts des enfants
Hélène BRUNSCHWIG

Papa, Maman, laissez-moi le temps de rêver !
Etty BUZYN

Me débrouiller, oui, mais pas tout seul !
Etty BUZYN

La mort pour de faux et la mort pour de vrai
Dana CASTRO

Il a du mal à l'école – Un peu, beaucoup, trop... comment l'aider
Brigitte CHEVALIER

Vos enfants ne sont pas des grandes personnes
Béatrice COPPER-ROYER

Doué, surdoué, précoce – L'enfant prometteur et l'école
Sophie CÔTE

Adolescence à problèmes – Comprendre vos enfants pour les aider
Dr Patrick DELAROCHE

Doit-on céder aux adolescents ?
Dr Patrick DELAROCHE

Parents, osez dire non !
Dr Patrick DELAROCHE

Oser être mère au foyer
Marie-Pascale DELPLANCQ-NOBÉCOURT

Parents de cœur – Comprendre l'enfant adopté
Sherrie ELDRIDGE

Blessures d'enfance – Les dire, les comprendre, les dépasser
Nicole FABRE

J'aime pas me séparer – Toutes les séparations dans la vie de l'enfant
Nicole FABRE

Amour, enfant, boulot... comment sortir la tête de l'eau
Anne GATECEL/Carole RENUCCI

Les mères qui travaillent sont-elles coupables ?
Sylviane GIAMPINO

Il était une fois le bon Dieu, le Père Noël et les fées – L'enfant et la croyance
Dominique GOBERT

Notre enfant d'abord – Du divorce à la médiation familiale
Muriel LAROQUE/Marie THÉAULT

Papa, Maman, on m'a traité de gros
Élisabeth LESNE

Tracas d'ados, soucis de parents
Pr Daniel MARCELLI / Guillemette de LA BORIE

Le Chemin de l'adoption – Le cœur et la raison
Jean-François MATTEI

Tu ne seras pas accro, mon fils ! – Peut-on éviter à nos enfants de devenir dépendants ?
Dr Jean-Claude MATYSIAK

L'Enfant unique – Atouts et pièges
Carl E. PICKHARDT

J'suis pas motivé, je ne fais pas exprès
Brigitte PROT

Papa, Maman, j'y arriverai jamais ! – Comment l'estime de soi vient à l'enfant
Emmanuelle RIGON

Pourquoi pleurent-ils ? – Comprendre le développement de l'enfant, de la naissance à 1 an
Hetty van de RIJT/Frans X. PLOOIJ

Aidez-moi à trouver mes marques ! – Les repères du tout-petit
Michael ROHR

Toutes les questions que vous vous posez sur l'école maternelle
Nicole du SAUSSOIS

Les Risques de l'adolescence
Gérard SÉVÉRIN

Crèches, nounous et Cie – Modes de garde, mode d'emploi
Anne WAGNER/Jacqueline TARKIEL

Cet ouvrage composé
par I.G.S. - Charente Photogravure
à L'Isle-d'Espagnac,
a été achevé d'imprimer sur Roto-Page
par l'Imprimerie Floch à Mayenne,
pour les Éditions Albin Michel
en mars 2003.

N° d'édition : 21464.
N° d'impression : 56821.
Dépôt légal : avril 2003.
Imprimé en France.